Elke Angelika Wachendorff, Hrsg.

Philosophieren mit Nietzsche in Zeiten der Pandemie

Tusche-Feder-Zeichnungen
Christina Barbara Kiehs-Glos

Nietzsche-Forum München e.V.
Denken mit Friedrich Nietzsche

Sonderband 3

Mit freundlicher Unterstützung von:

Landeshauptstadt
München
Kulturreferat

Heidehof
Stiftung

ISBN 978-3-9823949-0-9

Kontakt über:
info@nietzsche-forum-muenchen.de

Umschlaggestaltung: Constanze Ridil

ABT
MEDIEN
GRUPPE

ABT Print und Medien GmbH
Bruchsaler Straße 5
69469 Weinheim

Gieb deinem Herzen ein Zeichen,

daß die Winde sich drehn.

Hoffnung ist ohne gleichen

Rainer Maria Rilke

Muzot, Anfang Februar 1924

Inhalt

Vorwort

Im März 2020 mussten wir im *Nietzsche-Forum-München e.V.* zum ersten Mal eine Veranstaltung aufgrund der Pandemie-Bestimmungen absagen. Aktivitäten im Bereich «Kunst und Kultur » wurden seither als «nicht systemrelevant » eingestuft.

In seiner Neujahrsansprache zum berühmten Neujahrskonzert der *Wiener Philharmoniker* wandte sich der Dirigent Riccardo Muti vollkommen zu Recht gegen diese Einschätzung mit der Betonung, Kunst und Kultur sorgten für die «mentale Gesundheit» der Menschen.

Und nicht nur dies: sie sorgen vor allem auch für die emotionale und soziale Gesundheit und Integrität einer Gesellschaft, sie bilden und gestalten den sozialen Kitt einer Gesellschaft und definieren dadurch eine Gesellschaft, sie bestimmen somit das, was sie zu «Gesellschaft» – im Unterschied zu einem Haufen Leute – überhaupt erst macht. Was da als ‹systemrelevant› oder nicht eingestuft wird, stellt die Frage nach dem, was da als «System» verstanden wird und übersieht, dass hierbei auf ein Gesellschaftssystem im Ganzen aufgebaut wird, das als ein komplexes kulturelles, historisch gewachsenes zu begreifen ist, das geschaffen und entwickelt, kontinuierlich weiter modelliert und transformiert wird, und welches damit keineswegs *ad libitum* mal so eben ein- und ausgrenzbar ist, wenn es um eine aktuell gerade anstehende Detailfrage geht: dies ist ein großer und auch gefährlicher Trugschluss.

Und diese Einsicht drängt sich nach mehr als einem Jahr der aktiven-künstlerischen und kulturellen Abstinenz und des Verzichts immer deutlicher, drastischer, unübersehbarer selbst den Leugnern ihrer Relevanz auf.

Dass eben diese Bedeutung, Aufgabe und auch Verantwortung für das große Projekt Kultur seitens der Künstler, Kulturschaffenden und Kulturverantwortlichen im weitesten Sinne gewußt ist, reflektiert und schöpferisch fortentwickelt und transfiguriert wird, wird durch die Kulturgeschichte und die Kulturgeschichten des Planeten hindurch und bis heute tradiert und ereignete sich entsprechend genauso weiterhin während dieser belasteten und belastenden Pandemie-Jahre, wenngleich in neuen Medien und Formaten, im Verborgenen, im Abseits, im Stillen oder auch Lauten.

So stellten wir im Nietzsche-Forum-München e.V. das Programm des Jahres 2021 unter die Überschrift: *Seuchen, Krisen und Umbrüche in Philosophie und Literatur*, woraus sich dann, den Restriktionen geschuldet, erweiternd ein *call for papers* entwickelte unter dem Titel: *Philosophieren mit Nietzsche in Zeiten der Pandemie.* Aus diesem Aufruf entstand das hier nun vorliegende Büchlein.

Die eingesandten Texte spannen einen weiten Bogen, den wir hier abbilden in Gestalt einer Anordnung, die selbstverständlich auch anders würde gesetzt werden können, daher also keinerlei Präferenzen oder auch Wertungen zum Ausdruck bringen möchte.

Herzlich danken möchten wir im Nietzsche-Forum-München e.V. allen Teilnehmern an dieser Ausschreibung für Ihre Einsendungen und schöne Kooperation bis zur Erstellung dieses Büchleins.

Ein besonderer Dank gilt Christina Barbara Kiehs-Glos, die sich darüber hinaus anregen liess, zu ausgewählten Nietzsche-Zitaten Tuschezeichnungen anzufertigen. Sie hat zu den vielen unterschiedlichen Perspektiven der Texte und Gedichte durch ein weiteres Medium nochmals ganz andere Perspektiven hinzugefügt. Das Büchlein hat damit nochmals ein ganz anderes Gewicht – und Gesicht – erhalten können. Für diese überraschende Erweiterung und Bereicherung sind wir sehr froh und dankbar, namentlich für die damit verbundenen Publikationsrechte.

Frau Constanze Ridil gilt unser besonderer Dank für die wie stets phantasiereiche Gestaltung des Covers des Buches wie schon jene des Aufrufes in unserer *homepage*.

Besonders herzlich danken möchten wir Frau Dr. Daniela Rippl mit ihren Mitarbeiterinnen und dem Münchner Kulturreferat für die verständnisvolle Unterstützung dieses ungewöhnlichen Pandemie-Projektes.

Unser herzlicher Dank gilt desgleichen der Heidehof-Stiftung für ihre Unterstützung unserer Projekte auch in diesen ungewöhnlichen Zeiten.

München, im Sommer 2021

Elke Angelika Wachendorff

Elke Angelika Wachendorff

Zur Einführung

Philosophieren mit Nietzsche in Zeiten der Pandemie: der Titel unserer Ausschreibung weist über die besondere aktuelle Lage hinaus auf das, was eine Pandemie für eine Gesellschaft, eine Population ausmacht: eine extreme Herausforderung, Gefährdung, Krise, die leicht dazu geeignet sein kann, die bis dahin gültigen Fundamente des Lebens in Frage zu stellen, ins Wanken zu bringen, ja, unter Umständen gar zu entziehen. Und so stellt diese Herausforderung auch keineswegs die Frage nach relevanten und unrelevanten Sparten des Lebens – als des unausweichlich, so oder so, Kulturlebenssystems – sondern sehr viel grundsätzlicher nach dem, was Kultur überhaupt ist und bedeutet. Es ist eben dies die Frage, der Nietzsche nachgeht in seinem berühmten mißverstandenen Erstling auf dem Parkett der Buch-Publikationen, der *Geburt der Tragödie aus dem Geist der Musik*. Mit *Tragödie* ist hier *nota bene* ja nicht im modernen Sinne eine traurige, unglückliche Geschichte angesprochen; und der *Geist der Musik* fragt auch nicht nach dem metaphysischen «Wesen» der Musik: Nietzsche war stets sehr achtsam bei Einsatz und Meidung in seiner Wortwahl. Nietzsche stellt vielmehr die Frage danach, wie es überhaupt zu Kultur kommen konnte/kann: warum ist überhaupt Kultur und nicht vielmehr Nichts (um die Frage mit Leibniz zu stellen), und also seine – berühmt gewordene – Frage nach dessen Genealogie.

Die eindimensionale Postmoderne reduziert bekanntlich alle Fragen auf die Gene, die plötzlich so viel «wollen» können sollen, und reduziert Kultur also auf Brunftgeschrei und Reproduktionstriebe. Doch über das Gebrüll röhrender Hirsche, Löwen, Flußpferde und Wölfe hinaus entblättert der Mensch eine unvergleichlich weitere Palette der Töne, Farben, Formen, Rituale, Bewegungen, Gestaltungen der mannigfaltigsten Variation, die sich schlecht auf balzendes Gebrüll reproduktionsgieriger Gene reduzieren lassen. Was spricht sich aus, will in die Welt kommen als/durch Musik? Und was durch Tanz? Was durch Sprache? Wie kommt es überhaupt dazu? Was passiert da? und: wie geht die Entwicklung weiter? In Gesang, Deklamation, Klage- und Trauerlied: was drückt sich da aus, warum, warum so unausweichlich? Unausweichliche traurige, schreckliche Begebenheiten, Zusammenhänge, die zu verstehen und zu akzeptieren den Erinnerungs-begabten und –belasteten Menschen nicht gelingt, die sie kund tun wollen, ja: müssen, mitteilen, mit-teilen, teilen mit anderen Menschen, Tieren, Pflanzen auch, um sie zu vergegenwärtigen, zu gemeinsamen Erfahrungen zu machen, um sie in der Gemeinsamkeit tragen zu können, verstehen zu können, verwandeln zu können.

Die antike griechische Tragödie (für Nietzsche: Äschylos und Sophokles) ist eben diese Frucht der schöpferischen Vergegenwärtigungstätigkeit aus dem Schmerz, dem Leid, der Fassungslosigkeit, die einer Fassung bedarf, sich eine Fassung erschafft; die ritualisierte Tragödie als Prototyp: eben dies ist Kultur, ist das, was Kultur ausmacht und tut.

So ist in Zeiten der Krise erst recht also nichts «systemrelevanter» als die Tätigkeit der Kulturschaffenden und Künstler, ist nichts sinnvoller, fruchtbarer und gesellschaftlich heilsamer auch, als sich mit eben diesem Geschehen und Werden, mit diesem Tun und in ihren Werken zu befassen: Sie haben uns viel zu sagen, und wollen uns viel sagen und vermitteln für die Bewältigung gerade solcher aussergewöhnlichen und befremdlichen Lebenslagen, die sie zugleich auch im historischen Diskurs zu verorten lehren.

*

Bereits im Frühjahr 2020 erschien ein Buch unter dem Titel *Corona*,[1] in dem dessen Autor Martin Meyer, jahrzehntelang Redakteur, dann Chefredakteur des Feuilletons der *Neuen Züricher Zeitung,* uns in eben diese aktuelle Situation versetzt.

In einer norditalienischen Stadt, es scheint Bergamo zu sein, herrscht Ausgangssperre, jedenfalls für ältere Herrschaften, und hierzu gehört der Held der Geschichte, der Buchhändler Matteo. Er bewohnt eine Wohnung im dritten Stock eines alten Stadthauses, in dessen Erdgeschoss sein Buchladen lokalisiert ist, der nun aber zwangsweise geschlossen ist. Im Hinterzimmer des Ladens betreibt er ausserdem ein Antiquariat, und diese Abteilung besucht Signor Matteo – gegen die Regeln verstoßend – unbeobachtet, um dort nun das zu tun, was wir – als Buchmenschen– wohl alle genauso getan haben und tun würden: er sammelt besondere Schätze aus der Literaturgeschichte ein, die ihm zum Thema Plagen, Pandemien, Pest und Seuchen etwas zu sagen haben, um sie in seiner Wohnung (erneut) zu lesen:

---

[1] Martin Meyer, *Corona*, Berlin, 2020.

Das *Alte Testament*. zweites Buch Mose, Kapitel 7ff, um 1450 vor Chr.;
Giovanni Boccaccio, *Decamerone*, Sammlung von 100 Novellen von 1349 bis 1353;
Daniel Defoe, *Die Pest zu London*, 1722 (über die Pest von 1665), Autor des berühmteren *Robinson Crusoe*;
Jermias Gotthelf, (alias Albert Bitzius), *Die schwarze Spinne*, Novelle von 1842;
Thomas Mann, *Der Tod in Venedig*, Novelle von 1911;
Albert Camus, *Die Pest*, Roman von 1947;
und interessanterweise wird diese Lektüreliste von Signor Matteo dann auch in dieser, chronologischen, Reihenfolge absolviert werden.

Hinzugefügt werden können dieser Liste auch noch manch andere bedeutende Werke:
William Shakespeares *Romeo und Julia* endet tragisch aufgrund der Pest in Mantua;
Alessandro Manzonis *I Promessi Sposi*, (*Die Verlobten,* oder: *Die Brautleute*), ein Buch das der Italiener Matteo mit Sicherheit auch geholt hätte, von 1827: Die Geschichte spielt um Bergamo, Como, Mailand und bezieht sich auf die Pest in Mailand 1630;
Mary Shelley (Autorin des berühmten *Frankenstein*), *The last man* von 1826, eine Untergangsgeschichte, die spielt am Ende des 21. Jahrhunderts;
und viele weitere Werke; Will sagen: Seuchen und Plagen gab es in der Geschichte der Menschheit seit Angedenken und immer wieder, so bekannt wie grauenhaft, so unaustilgbar wie naturgegeben.

Deren künstlerische und hier nun: literarische Vergegenwärtigung, Verarbeitung, Interpretation und Deutung gleichermaßen, war stets von größter Bedeutung und Nachhaltigkeit, und ist es bis heute, sehen wir auf die Bekanntheit eben dieser Buchtitel auch noch in unseren Zeiten. Man beachte nur, dass diese und einschlägige weitere Werke während der Pandemie in Buchhandel und Antiquariaten in kurzer Zeit ausverkauft wurden und heute vergriffen sind.

Wobei sich der Modus der Deutung der Geschehnisse im Laufe der Geschichtsentwicklung auch veränderte. Martin Meyer will vor allem hierauf verweisen, will seine Leser auf die Geschichte der Literarischen Vergegenwärtigung und Verarbeitung des Schreckens hinführen und zur Lektüre der Texte anregen und verführen. In und aus unserer heutigen ähnlichen Lebenslage kann die Begegnung mit diesen historischen Schilderungen und Erzählungen hilfreich sein, produktiv werden zur Bewältigung des Eigenen; sie kann vor allem anregend und aufrufend wirken für die Suche nach aktuellen neuen Texten, stimulierend für eigene Unternehmungen dieser Art: seien dies Niederschriften in Tagebüchern, in Briefen – heute oft als *mails* – in Essays, in Abhandlungen, in Novellen, in Traumberichten, in Romanen, Dichtungen; oder aber in alternativen Gestaltungsformaten der Bildenden Kunst, in musikalischer Kompositionen, in Performances, Tanzformen.

Dabei ist das selbsttätige Gestalten selbst zunächst das Wichtigste und Hilfreichste, eine Veröffentlichung gar nicht unbedingt ein notwendiger Schritt. Die Gestaltung selbst ist per se ein komplexes dialogisches Geschehen, das Kopfkino, Kopftheater kann aufregende Welten erzeugen und transformieren: Robert Schumann hörte im Kopf seine Musik, so viel, so intensiv, ja pausenlos, dass es ihn zeitweise überforderte, überlastete; Marcel Proust schrieb wie bekannt seinen endlosen Roman *Auf der Suche nach der verlorenen Zeit* in seinem Bett, hinter verschlossenen Gardinen, des Nachts, wenn Alles schlief, absolute Ruhe und Einsamkeit herrschte; selbst-verordnete Quarantäne, die er sich willentlich setzte, und der doch in Vielem, wenn nicht in Allem, und wesentlich der Freiwilligkeit, die erzwungene Situation im strengen *Lockdown* entspricht...

*

Der Mensch ist ein *zoon politikon*, ein Gemeinschaftswesen, ein Begegnungswesen, ein Sprachwesen, mit Sprachpotentialen unterschiedlichster und weitester Gestalt: das Eigene und das Andere bestimmen, konturieren, verstehen sich aus dem produktiven Wechselspiel; und das Gespräch mit Werken der Vergangenheit kann dieses produktive Wechselspiel durchaus aktivieren und potenzieren. Wenn wir Glück haben, finden wir dazu dann auch noch einen Partner, eine Freundschaft, eine Bekanntschaft, mit der wir uns spazierend, telefonierend, mailend, schreibend, musizierend austauschen können.

Doch auch der innere Dialog der aufgefächerten Persönlichkeitsaspekte kann ein produktiver erhellender Prozess werden: Friedrich Nietzsche führte eben dies vor in seiner Aphorismensammlung unter dem Titel: *Der Wanderer und sein Schatten*, publiziert als zweiter Nachtrag zu, und dann zweiter Teil von: *Menschliches, Allzumenschliches.* Vor allem dessen Rahmenszenario zwischen Wanderer und eigenem

Schatten ist hier aufmerksam und paradigmatisch zu lesen und auf das hierdurch umklammerte Ganze, ja auf das Werk *in toto* zu beziehen.

Das Buch von Martin Meyer öffnet den Blick auf den Typus der so genannten «Zimmerreisen», die sich insbesondere in der französischen Literatur seit dem Ende des 18. Jahrhunderts finden und die statt der weiten Welt, das Zimmer, den Garten, den Schreibtisch oder die Schublade, das Zelt oder eine Bibliothek als Miniaturen oder Kleinode «bereisen». Marcel Prousts Buch gehört also zu dieser Gattung.
Berühmtester Vorgänger und Prototyp ist der Roman von:
Xavier de Mestre, *Voyage autour de ma chambre* (= *Reise um mein Zimmer*) von 1794, und dessen zweite Version: *Expédition nocturne autour de ma chambre* (= *Nächtliche Entdeckungsreise um mein Zimmer*), die erst im Jahre 1825 publiziert wurde.
Dieser Typus wirkt bis heute anregend und kreativ, so beispielsweise bei:
Karl-Markus Gauß, *Abenteuerliche Reise durch mein Zimmer*, von 2019 – also noch VOR der Pandemie publiziert;
oder – großartig – Durs Grünbeins epische Dichtung *Vom Schnee oder Descartes in Deutschland,* von 2003 (Über Descartes, eingeschlossen in einer undurchdringbaren Schneewüste im Winter 1619).
Und dieser Typus bietet sich natürlich an als DER Typus für ein Buch zum Leben im *Lockdown* oder in Quarantäne «in Zeiten der Pandemie».

*

Nietzsche war bekanntlich niemals in der Situation, durch äußere Macht und Gesetz zu einsamem Zimmerleben gezwungen zu sein. Doch sein Leben vollzog sich im Wesentlichen im Alleingang, in Einsamkeit, die streckenweise unerträglich war, und doch anders auch nicht gehen konnte. Genau bedacht vollzog sich Nietzsches Leben unter einem Damoklesschwert von Dauerkrisen, seit frühester Kindheit, seit dem Miterleben der schmerzhaften Krankheit des Vaters und dessen Tod, des anschließenden frühen Kindstodes des Brüderchens. Die Berufswünsche von Mutter und Großmutter konnte er nicht erfüllen, wollte er nicht erfüllen, und erfuhr seitens der Mutter eine kränkende Abfuhr.[1] Der Kriegseinsatz 1870 endete schnell mit schwerer Krankheit und erschütternden Erfahrungen. Und schließlich als größte Krise vielleicht: die Erschütterung 1876 angesichts von Inszenierung und Aufmarsch zur Eröffnung von Bayreuth. Hier sah er zum Greifen nah: er hatte sich gravierend getäuscht, sich selbst getäuscht, täuschen lassen, sah Wagner als selbst-Getäuschten im ihnen beiden doch Wesentlichsten: der Rolle, Aufgabe, Möglichkeit, aber auch Gefahr von Kunst, erst recht als Gesamtkunstwerk, in einer und für eine Gesellschaft, und damit deren politischer Rolle und Funktion. Nietzsche hatte einen Blick auf ein Vorspiel und weit hinaus in die zukünftige – heutige – Medienkultur werfen können.

Nietzsche notiert rückblickend: «Was uns nicht umbringt — das bringen w i r um, das macht uns stärker. Il faut tuer le Wagnerisme.» Und er wiederholt den Gedanken in den *Sprüchen und Pfeilen* der *Götzendämmerung* (KSA 6, 60). Im

---

[1] So am 12. November 1865, mit Brief Nr. 487, KSB 2/94ff.

Epilog §1 zu *Nietzsche contra Wagner* heißt es dazu weiter: «Erst der grosse Schmerz ist der letzte Befreier des Geistes, als der Lehrmeister des g r o s s e n V e r d a c h t s» (KSA 6, 436). Doch dieser Schmerz muss erst einmal verwandelt werden durch und in das, was Nietzsche dann nennt: «eine h ö h e r e Gesundheit, eine solche, welche stärker wird von Allem, was sie nicht umbringt! — I c h v e r d a n k e i h r a u c h m e i n e P h i l o s o p h i e ... » (Ebenda).

Das deutlichste Zeugnis seiner tiefen Lebenskrise und Selbsterrettung gibt wohl das Büchlein, das er direkt nach der (endlich) vollzogenen Demission vom Basler Lehramt und Lehrstuhl verfasste: in St. Moritz, offiziell allein zur Kur und absoluten Ruhe zurückgezogen lebend, schrieb er die Notizen und Aphorismen, die er am Leitfaden seiner unmittelbar zuvor – irritierend programmatisch – angekündigten «Hadesfahrt» entwickeln konnte[1] unter dem Titel: *Der Wanderer und sein Schatten;* und nahm hier mehrfach Bezug auf die großen Krisen-Autoren Petrarca und Augustinus, Dante Alighieri, Erasmus von Rotterdam und Voltaire.[2] In *Ecce homo* dann wird er seinen Weg durch Krisen und schöpferische Transfigurationen zur höheren Gesundung dann in einem Werkbericht darlegen und begründen, und erkennen, dass jede wirkliche Größe aus einer Krise entwickelt wird und wurde, jeder *Freie Geist*, so auch jede große Philosophie.

---

[1] «Vier Paare waren es, welche sich mir, dem Opfernden nicht versagten: Epikur und Montaigne, Goethe und Spinoza, Plato und Rousseau, Pascal und Schopenhauer» in: *Menschliches Allzumenschliches II, Vermischte Meinungen und Sprüche,* A 408, als letzter Text dort; KSA 2, 533 f.

[2] Elke Wachendorff: *Ein Wanderer und sein Schatten. Friedrich Nietzsches Gedanken-Gänge in St. Moritz.* Beiträge zu Friedrich Nietzsche. Bd. 23, Basel, 2021.

Doch begegnet bei Alledem mitnichten eine Selbstverständlichkeit: gerade Nietzsche kann uns zeigen und vorleben, mit wieviel Überlegung, Information, Planung und vornehmlich täglicher Disziplin in vielerlei Hinsicht dieser Weg in und aus der Krise erarbeitet wurde: Kuren und Diäten, Ernährungsplan und Tagesrhythmus, Bewegungsprogramm und gezielte Wahl der Wanderwege, Taktung der Arbeitsmodi und Ruhephasen.[1]

*

Wer also, wenn nicht Nietzsche sollte und könnte uns in Zeiten der Krise, des Umbruchs, des gänzlich Unerwarteten, der Sprachlosigkeit auch, als Gesprächs- und Reflexionspartner hilfreich und anregend, aufregend auch, begegnen?

Und so ist auch gerade im Namen Nietzsches das eigenständige, kontroverse, widerständige Denken angeregt und gefragt. Die weltweit für notwendig erachteten Restriktionen und Verhaltensregeln zur Eindämmung der Pandemieentwicklung stoßen nicht überall auf Zustimmung, sie bedeuten eine große Herausforderung in Anbetracht der Errungenschaften von Aufklärung, Demokratie und Individualismus vor allem in der «westlichen» Moderne. Mit Blick auf die neuerlichen, zunehmend erstarrenden Ideologiesierungen, Hierarchisierungen und Martialisierungen politischer Formationen ist große, übergroße vielleicht, Wachsamkeit präsent; deren Argumente sind für eine gesunde pluralistische Demokratie dennoch wichtig zu hören und zu

---

[1] Ebenda, vor allem Kapitel I.

diskutieren. Demokratische Diskurse sind ein mühseliges Geschäft, anstrengend, zeitraubend, und doch – und gerade mit Nietzsche – produktiv und fruchtbar, soweit und solange Vielfalt und Austausch der Perspektiven, der Reflexionen, der Argumentationen, das Tragende sind. Und es sind eben diese Kompetenzen und Geduldsproben auch das Entscheidende, das heutzutage oft, weil verlernt, weil nie gelernt, weil zu mühselig, vernachlässigt werden.

So gilt die Bilanz der Pandemie-Monate für manchen kritischen Blick auch einer grundsätzlichen Reflexion unserer spät gewordenen modernen Kultur, die, mit Nietzsche durchaus als *Décadence* analysiert, ihre grundsätzlichen Mängel, ihre habituell gewordenen, eingefahrenen, Verdrängungs- und Vermeidungsstrategien in der problematischen Krisenbewältigung – doch nicht nur hier – offenbaren. Die Rede von «systemrelevanten» und «nicht-systemrelevanten» Lebensbereichen offenbart somit das Systemverständnis selbst als durchaus kritisch zu beleuchtendes Konstrukt und Selbstmißverständnis.

Der Aufruf des Nietzsche-Forum-München e.V. unter dem Titel: *Philosophieren mit Nietzsche in Zeiten der Pandemie* hatte daher einen gewichtigeren Hintergrund als allein die Verbindlichkeit unserem Namensgeber gegenüber: es war auch die feste Überzeugung, gerade im Austausch mit Nietzsche ein wichtiges Feld eröffnen zu können. Die hier nun versammelten Beiträge die uns erreichten können die Fruchtbarkeit dieses Experimentes auf die unterschiedlichste Weise aufzeigen.

Wir möchten ihnen allen herzlich danken.

Was wir überwinden wollen:

Den Imperativ der Heerden-Furchtsamkeit: «wir wollen, dass es irgendwann einmal nichts mehr zu fürchten giebt!» Irgendwann einmal –

(JGB 201; 5,123)

Eugen Wenzel

«Kinder, schafft Neues!»
Das Schul- und Buchprojekt Boccaccio reloaded

Vor mehr als 650 Jahren veröffentlichte der florentinische Dichter Giovanni Boccaccio seine Novellensammlung *Il Decamerone*. Dieser unangefochtene Klassiker der Weltliteratur berichtet von sieben Frauen und drei Männern aus Florenz, die aufs Land fliehen und sich dadurch vor der Pest retten, welche die Stadt fest in ihren tödlichen Griff bekommen hat. Um ihre gemeinsame Zeit der Isolation sinnvoll zu nutzen, beschließen sie, sich gegenseitig Geschichten zu erzählen, zehn Tage lang, jeden Tag eine pro Person, so dass exakt 100 Geschichten zusammenkommen, als sie endlich in ihre Heimatstadt zurückgehen.

Das Leben hat es so gefügt, dass ich zusammen mit meinen Klassen 9a, 10c und 10d unmittelbar vor dem Ausbruch des Corona-Virus genau dieses Buch im Unterricht gelesen habe, ein vielschichtiges und tiefsinniges Werk, welches dank Covid19 so plötzlich wieder ganz aktuell geworden war, denn was schien dieses Virus anderes zu sein als eine neue Art Pest? Beide versetzten die Menschen in Angst und Schrecken, beide legten den Alltag weitgehend lahm und tauchten das Leben in ein ganz anderes Licht. Sowohl im 14. Jahrhundert als auch im Jahre 2020 sah sich die Welt einer außergewöhnlichen Situation gegenüber.

Außergewöhnliche Zeiten erfordern aber außergewöhnliche Reaktionen, wenn der Mensch ihnen würdevoll begegnen möchte. Mit am außergewöhnlichsten ist in diesem Leben die Kunst, weil sie von ihrem Wesen her durch und durch schöpferisch ist. Unbeirrbar erschafft sie Neues und das ist die einzige angemessene Reaktion auf eine alles vernichtende Gewalt wie die Pest oder das Corona-Virus. Sich würdevoll zu verhalten heißt also, mit anderen Worten formuliert: nicht hinter seinen Möglichkeiten zurückzubleiben. Laut Albert Camus besteht die Größe des Menschen in der Überwindung der Conditio Humana, d.h. all der Züge im menschlichen Charakter, die den Homo sapiens auf das Niveau eines Tieres herabdrücken. Wie die Welt nicht erst seit Martin Heidegger weiß, gehören Angst und Furcht zu den Dingen, die den Menschen klein werden lassen. Nicht umsonst spricht beispielsweise Jesus Christus: «Fürchtet euch nicht, denn ich bin bei euch bis an der Welt Ende.» (*Mt.* 28,20) Mit seinem Aufruf an die Menschen, furchtlos und ohne Angst zu sein, fordert er sie dazu auf, ein wenig gottähnlicher zu werden und das Negative in sich zumindest ein Stück weit zu überwinden. Die Zeit von Corona ist philosophisch betrachtet eine hochinteressante, weil sie in aller Klarheit nach außen kehrte, was den Menschen inwendig mit ausmacht: all seine Ängste, all seine Bereitschaft, um des nackten Überlebens willen sich selbst der Irrationalität, der absoluten Kopflosigkeit offen in die Arme zu werfen. Als Corona ausbrach, wurde die Angst zur alles dominierenden Kraft, die einen wirklich sachlichen Umgang mit diesem Virus in sehr vielem behinderte, wenn nicht gar komplett lahmlegte. In dieser Situation wollte ich ihr etwas entgegensetzen, das nicht aus Angst heraus geboren wird, etwas, das über die Angst erhaben ist. Damit war meine Idee geboren, zusammen mit meinen Schülern ein neues *Dekameron* zu schreiben, das ziemlich schnell den Titel *Boccaccio reloaded* erhielt.

Aber auch ein anderer Grund, ein rein pädagogischer, der mich gleichfalls dazu animierte, dieses Projekt zu realisieren, verdient es, hier beachtet zu werden. Über die Pädagogik ist seit Platon Etliches gesagt und geschrieben worden. Dass sie den Menschen zu kritischem Denken und zu einer friedfertigen ethischen Grundhaltung erzieht, ist für mich eine Selbstverständlichkeit und gleichzeitig doch nicht das höchste Ziel aller Erziehung und Bildung. Ihre oberste Aufgabe ist in meinen Augen die Förderung der Kreativität, denn aller Fortschritt ist letztendlich auf diese zurückzuführen: Ein innovativer Ingenieur, ein einfallsreicher Erfinder oder Geschäftsmann, ein zukunftsweisender Wissenschaftler, ein Staatsmann mit Visionen, ein genialer Künstler, ein begnadeter Handwerker etcetera würde kaum seine Einfälle bekommen, wenn er nicht irgendwo eine kreative Ader besäße. Noch deutlicher wird dies, wenn wir nicht das lateinische Wort ‹kreativ›, sondern dessen deutsches Synonym, den Begriff ‹schöpferisch› verwenden. Dann nämlich wird der letzte Satz ungefähr wie folgt lauten können: All die soeben aufgezählten Menschen könnten nie etwas Neues erschaffen, wenn sie nicht zumindest ein wenig schöpferisch wären. Anzumerken ist an dieser Stelle auch, dass dieses Adjektiv eine Eigenschaft bezeichnet, die vor allem Gott dem Schöpfer zugeschrieben wird. Ein Mensch überwindet also auch dann zum Teil die *Conditio Humana* und erhebt sich über das Tier, sobald er anfängt, Gottes Beispiel folgend schöpferisch tätig zu werden, ganz gleich in welchem Bereich. Das Bildungswesen tut daher nie verkehrt daran, die Kreativität des Menschen an die oberste Stelle zu setzen und mit allen nur erdenklichen, redlichen Mitteln zu fördern, und umso trauriger ist es zu sehen, wie selten und wie wenig systematisch und nachhaltig dies oft tatsächlich getan wird. Einen Impuls in diese Richtung zu setzen, einen Beitrag in diese Richtung zu leisten, war das zweite Hauptmotiv hinter *Boccaccio reloaded*.

Selbstverständlich kannte dieses Projekt nie die Absicht, auf der literarischen Ebene mit Boccaccios Meisterwerk zu konkurrieren, mit dem künstlerischen Genie dieses Mannes. *Boccaccio reloaded* geht es um etwas ganz Anderes und dadurch in bestimmten Punkten sogar um viel mehr als seinem großen Vorbild: 100 Schüler haben 100 von ihnen selbst illustrierte Geschichten geschrieben, ein Buch von 100 jungen Autoren, die mit einer vereinten Stimme würdevoll auf ein Jahrhundertereignis reagiert haben. Ich wage zu behaupten, dass es auf der ganzen Welt keine zweite solche Reaktion gibt. Die Schüler haben etwas ganz Besonderes erschaffen und dafür gebühren ihnen alias Centino Scrittori das höchste Lob und Anerkennung.

Centino Scrittori ist ein Pseudonym – welches sich aus den italienischen Wörtern für ‹hundert› (*cento*) und für ‹Schriftsteller› (*scrittore*) ableitet – und *Boccaccio reloaded* ist keineswegs eine bloße Aneinanderreihung von 100 Erzählungen, sondern ein klar strukturierter Makrotext. Auch in dieser Hinsicht stand sein literarisches Vorbild Pate: Wie Boccaccios Erzähler an jedem neuen Tag immer ein anderes vorgegebenes Oberthema bedienen müssen, so einigen sich auch die Erzähler von *Boccaccio reloaded* jeden Tag aufs Neue, welche übergeordnete Thematik sie in ihren Geschichten zur Sprache bringen möchten. Auf diese Weise entstand ein in zehn große Unterabschnitte thematisch gegliederter Text. In den einzelnen, circa gleichlangen Kapiteln, die sich den Themen

Epidemien und Ausnahmezustände (I), Krieg, Flucht und Vertreibung (II), Kunst, Musik und Film (III), Krankheit und Tod (IV), Humor und Horror (V), Medienmanipulation (VI), Freundschaft und Verrat (VII), Kriminalität, Betrug, Gewissen (VIII), Rache, Ehre, Moral (IX) und Liebe, Schönheit und Sexualität (X) widmen, erzählen die Schüler über Alltägliches und Außergewöhnliches, über die Ängste und Sorgen, Hoffnungen und Träume, Niederlagen und Siege von Menschen (und einmal sogar auch von Tieren) aus ganz unterschiedlichen Kulturen und Zeiten. Sie erzählen, um es auf den Punkt zu bringen, über das Leben in seinem unendlichen Facettenreichtum. Sie tun dies aus einer unverkennbar jugendlichen Perspektive und sorgen damit für den unbezwinglichen Charme ihres Buches. Die Eingriffe in diese Gestaltungsprozesse durch meine Person beschränkten sich stets auf das Notwendigste, ganz gemäß dem Prinzip der maximalen künstlerischen Freiheit bei einem Minimum an formalen und inhaltlichen Vorgaben, welches einen sinnvollen Aufbau des Werkes problemlos zu garantieren imstande ist.

Die Einzigartigkeit des Projektes, sein Status als eine weitaus mehr als nur beachtenswerte Reaktion auf ein epochales Ereignis und das kaum zu unterschätzende Bildungspotential seiner Methode gewannen umgehend das *Haus der Kulturen der Welt e.V.* in Berlin und den Bundestagsabgeordneten Rüdiger Kruse als Förderer des Vorhabens. Letzterem ist es auch zu danken, dass das Buch ursprünglich im *Deutschen Bundestag* der Öffentlichkeit vorgestellt werden sollte. Pandemiebedingt konnte diese Idee leider nicht realisiert werden, jedoch fand sich letztendlich in der *Kaiser-Wilhelm-Gedächtniskirche* zu Berlin ein mehr als ebenbürtiger alternativer Veranstaltungsraum.

Kurze Zeit darauf erging an mich die Einladung der Zeitschrift *Der Stacheldraht* der *Union der Opferverbände kommunistischer Gewaltherrschaften e.V.*, gemeinsam mit Herrn Bernd Lippmann, dem Direktor des *Stasimuseums Berlin in der Zentrale des MfS*, eine Buchbesprechung zu publizieren, wo vor allem die bei *Boccaccio reloaded* angewandte kreative Methode als überaus fruchtbar auch für den Umgang junger Erwachsener mit anderen großen Themen herausgestellt werden sollte, die unsere Gesellschaft prägen und bestimmen, beispielsweise die deutsche Teilungsgeschichte. Finde sich jemand, so der Wortlaut der Rezension, der kompetent und offen genug sei und mit einer Gruppe Heranwachsender ein belletristisches Buch zur Geschichte der beiden deutschen Staaten verfasse, so werde dieses – kreative und denkerische Kräfte freisetzende – Vorgehen die jungen Autoren dazu animieren, sich gerne mit dieser bedeutsamen Thematik zu befassen. Darüber hinaus werde es sie nicht nur zu einem differenzierten Bewusstsein hinsichtlich der historischen Inhalte und einem hohen Grad an Identifikation mit dem Projekt führen, sondern auch zur Parteinahme zu Gunsten der sich darin artikulierenden rechtsstaatlichen Werte. Nicht zuletzt werde es auch vielen anderen Jugendlichen ein erfolgreicher Anstoß sein, sich mit der Geschichte des geteilten Deutschlands auseinanderzusetzen, denn ein von jungen Erwachsenen verfasstes Buch werde diese Lesergruppe erfahrungsgemäß am ehesten anzusprechen vermögen. Daher sei es durchaus im Sinne einer freiheitlich verfassten demokratischen Gesellschaftsordnung zu wünschen und zu hoffen, dass das *Boccaccio reloaded* zugrundeliegende Modell in den nächsten Jahren im wahrsten Sinne des Wortes Schule machen werde.

Ungefähr zur selben Zeit wurde Frau Dr. Elke Wachendorff, Präsidentin des *Nietzsche-Forums-München e.V.*, ebenfalls auf das Projekt aufmerksam und lud mich dazu ein, das rund 444 Seiten umfassende und überall im (Online-)Handel und in drei Formaten erhältliche Buch (Hardcover, Paperback und E-book) dem interessierten Publikum der bayerischen Hauptstadt zu präsentieren. Gleichzeitig griff sie es auf als Impulsgeber für die Veröffentlichung einer Ausschreibung, eines *Call-for-Papers,* zum Thema: «Philosophieren mit Nietzsche in Zeiten der Pandemie», dessen unmittelbare Folge das hier vorliegende Buch wurde. Im Namen meiner ehemaligen Schüler freut es mich ungemein, auch auf diesem Wege einen kleinen Beitrag zum Wiedererstarken des ziemlich gebeutelten geistigen Lebens in Deutschland während der Corona-Pandemie geleistet zu haben.

Die Schlange, welche sich nicht häuten kann, geht zu Grunde.

Ebenso die Geister, welche man verhindert,

ihre Meinung zu wechseln;

sie hören auf, Geist zu sein.

(M 573; 3,330)

Peter André Bloch

Sich mit Nietzsche auseinandersetzen in Zeiten der Pandemie

Während der vielen Monate der Pandemie habe ich mich intensiv mit Nietzsches Vorstellungen vom «freien Geist» auseinander gesetzt. Ich hatte ja Zeit! Alle Vorträge oder Veranstaltungen in München, Montpellier, Leipzig und auch Strasbourg wurden abgesagt oder verschoben, so dass ich mich nun im stillen Kämmerlein ganz auf unsere Nietzsche-Werkstatt in Sils-Maria im Juli 2021 vorbereiten konnte – nebst vielen Aufräumearbeiten, stundenlangem Lesen von Werken, die ich seit langem vor mich hergeschoben hatte; vor allem las ich wieder einmal den ganzen Gottfried Keller durch, auch einige Romane von Gotthelf, Stifter sowie Fontane, von Flaubert, Balzac und auch Proust, in ihrer anschaulichen Entwicklung von Lebensschicksalen in entsprechenden Gesellschaftsstrukturen. Was heisst für die einzelnen Figuren «Glück», «Bestimmung», «Schicksal»? was «Sehnsucht», «Liebe», «Lust», «Erfüllung», «Leid»? Vor diesem Hintergrund setzte ich mich auch wieder einmal mit vielen meiner Lieblingsgedichte auseinander, im Sinne einer mich erinnernden Selbstvergewisserung. Ich begann auch in meinen eigenen Büchern zu lesen und freute mich über einzelne besonders geglückte Aufsätze. Formen von Abschied, von verstummendem Innehalten?

Überall wurde von Infektion und Kontamination, Ansteckungsgefahr und Isolierung gesprochen; ein Glück, dass meine Frau und ich jeden Tag mehrmals mit unserem Hund im Wald spazieren gehen konnten, mit möglichst wenigen Kontakten, aber vielen gemeinsamen Gesprächen. Wichtig wurden Telefonieren und Briefeschreiben, mit Kindern, Freunden und Bekannten, und es wurde uns bewusst, wie viel Freundschaft auf gemeinsame Literatur-, Theater- und Musikveranstaltungen zurückging.

Auf meinem Nachttisch lag *Menschliches, Allzumenschliches. Ein Buch für freie Geister*, Band 2 der dtv-Dünndruck-Ausgabe.[1] Jede Nacht habe ich darin gelesen und über Nietzsches Motivationen nachgedacht, um auf diese Weise viele Gedankenimpulse über Transzendenz und Immanenz systematisch weiter zu entwickeln, vor dem Hintergrund seiner Zweifel an den überlieferten Grundlagen von Metaphysik, in Anbetracht der politischen, künstlerischen und psychologischen Wirklichkeiten seiner Gegenwart, in Auseinandersetzung mit den damaligen philosophisch-universitären wie auch publizistischen Wirklichkeiten. Ihn interessierte das Gewordensein des zeitgenössischen Kulturlebens in der Spannung zwischen Freiheit und Zwang, Kreativität und Nachahmung, Individuation und Repräsentation. Mit grösster Gründlichkeit hinterfragte er schrittweise – in sorgfältig aufeinander abgestimmten Aphorismen – die vorherrschenden Grundsätze gesellschaftlicher Strukturen, indem er sich Stufe um Stufe mit dem jeweiligen Zeitgeist der einzelnen geistesgeschichtlichen Epochen auseinandersetzte, um die Entwicklungen des Empfindungsvermögens und Selbstbestimmungsmöglichkeiten des Menschen zu untersuchen, je nach seiner jeweiligen gesellschaftlichen Stellung. So entwickelte er ein eigenes

[1] Band 2 der Kritischen Studienausgabe, Hrsg. Giorgio Colli und Mazzino Montinari, dtv, München / Walter de Gruyter, Berlin/New York, 1967 (Dünndruck-Ausgabe 1980).

System des Hinterfragens im Hinblick auf eine Entwicklung möglicher – individuell-persönlicher – Positionen hin, die er auf allen möglichen Ebenen durchdachte und in verbindlichen, im Einzelnen begründeten Erkenntnisstufen festhielt, in Auseinandersetzung mit der damaligen wissenschaftlichen Forschung:

I. Von den ersten und letzten Dingen. (Aphorismus 1-34)
2. Zur Geschichte der moralischen Empfindungen. (35-107)
3. Das religiöse Leben. (108-144)
4. Aus der Seele der Künstler und Schriftsteller. (145-223)
5. Anzeichen höherer und niederer Cultur. (224-292)
6. Der Mensch im Verkehr. (293-376)
7. Weib und Kind. (377-473)
8. Ein Blick auf den Staat. (438-482)
9. Der Mensch mit sich allein. (483-683)

Mit einem Nachspiel «Unter Freunden» beendet er das Erste Buch, das er als «Narrenbuch» bezeichnet, in welchem man lernen könne, wie «Vernunft ... ‹zur Vernunft› komme!» Als «Hofnarr» der Geistesgeschichte habe er deren Grundlagen hinterfragt, nicht aufgrund gläubigen Nachvollziehens, sondern kritischer Vernünftigkeit. «Also, Freunde, soll's geschehn? – Amen! Und auf Wiedersehn!»[1]

Als Narr stellt er Fragen, sucht nach Antworten, welche bestehende Vorstellungen kritisch überprüfen, nach dem Prinzip des ihm von Jugend auf bekannten «Glaubenskatechismus», der nach dem Sinn des Lebens fragt, auf der Grundlage der «gültigen» theologischen und

[1] Ebenda, S. 366f.

philosophischen Auffassungen, in Konfrontation mit den «innovativ-kritischen» Prinzipien der damals sich entwickelnden naturwissenschaftlichen Forschungen. Dabei stellt er die festgelegten «theologischen» Argumente in Frage, die sich nach seiner Beobachtung im Laufe der Geschichte immer wieder in eine absolute Verbindlichkeit setzen, mit entsprechenden – machtbezogenen – Verpflichtungen und Zwängen, deren Vielfalt er nun die Einmaligkeit eines jeden Menschen gegenüberstellt, mit je anderen Strukturen, Lebensbedingungen, Begabungen und Willenskräften, die es zu fördern gilt, auf dass ein jedes Individuum sich selber werde, gemäss seinen eigenen Anlagen und Selbstbestimmungsmöglichkeiten. Es geht Nietzsche um die Selbstwerdung eines jeden Individuums, welches sich – aus seinen veränderbaren und zu überwindenden Relationen heraus – durch eigene Entscheidungskraft in freiem Willen zu sich selbst findet: als freies – menschgewordenes – Individuum. Selbstfindung stellt einen dauernden – in sich unabschliessbaren – Prozess dar, angesichts der vielen vorhandenen – individuellen – Umstände und Willenskräfte, die auch durch Verzicht geprägt sind, denn eine jede Entscheidung bedeutet gleichzeitig das Aufgeben einer anderen Möglichkeit.

In der Vorrede des Zweiten Bandes – im September 1886 in Sils-Maria abgeschlossen – wird er in fünf Abschnitten seine Absichten präzisieren und mit seinen früheren Schriften vergleichen, indem er ihre Bedeutung für seine Selbstachtung und das eigene Selbstverständnis beschreibt:

> Man soll nur reden, wo man nicht schweigen darf; und nur von dem reden, was man überwunden hat, – alles Andere ist Geschwätz, ‹Litteratur›, Mangel an Zucht. Meine Schriften reden nur von meinen Ueberwindungen: ‹ich› bin darin, mit Allem, was mir feind war, ego ipsissimus, ja sogar, wenn ein stolzerer Ausdruck erlaubt wird, ego ipsissimum. Man erräth: ich habe schon Viel – unter mir ... Aber es bedurfte immer erst der Zeit, der Genesung, der Ferne, der Distanz, bis die Lust bei mir sich regte, etwas Erlebtes und Ueberlebtes, irgend ein eigenes Factum oder Fatum nachträglich für die Erkenntniss abzuhäuten, auszubeuten, blosszulegen, ‹darzustellen› (oder wie man's heissen will). Insofern sind alle meine Schriften, mit einer einzigen, allerdings wesentlichen Ausnahme zurück zu datieren – sie reden immer von einem ‹Hinter – mir›–: einige sogar, wie die drei ersten Unzeitgemässen Betrachtungen, noch zurück hinter die Entstehungs- und Erlebnisszeit eines vorher herausgegebenen Buches (der ‹Geburt der Tragödie› im gegebenen Falle: wie es einem feineren Beobachter und Vergleicher nicht verborgen bleiben darf).[1]

Nietzsche zeichnet sich in seiner stufenhaften Entwicklung, in seinen Auseinandersetzungen mit David Strauss und Arthur Schopenhauer sowie Richard Wagner; es habe Jahre «innerlichsten Alleinseins und Entbehrens» gebraucht, um mit der notwendigen Gelassenheit im zweiten Band, «als Fortsetzung und Verdoppelung einer geistigen Kur, nämlich antiromantischen Selbstbehandlung» seine «Gesundheitslehre» fortzusetzen, indem er sich «alle romantische Musik verbot» und damit gegen sich selbst Partei ergriff, um auf den Weg eines «tapferen Pessimismus» zurückzukehren, «ein Gegensatz aller romantischen Verlogenheit». So habe er selber «als Arzt und Kranker in einer Person» das Wegziehen von allem Bekannten gewählt: «Ein langes Herumziehen, Suchen, Wechseln», woraus sich für

[1] Ebenda, S. 369.

ihn «eine grosse geistige Erstarkung » ergeben habe, «eine wachsende Lust und Fülle der Gesundheit».[1] Als kritischer Selbstanalytiker wendet er sich dabei ständig an den Leser, um ihn in seine Gedankengänge miteinzubeziehen. So werden seine Argumentationen zu geistreichen Kommentaren menschlichen Verhaltens und Denkens aus der Warte eines Suchenden und sich kritisch von Gemeinplätzen Distanzierenden.

In der Einsamkeit des Oberengadins – zwischen Himmel und Erde – hat er dann, wandernd, ganz im Rückzug auf sich selbst, seine Gedanken sammeln können, um sich mit den Vorstellungen seiner Kindheit, seines Studiums und seiner Dozententätigkeit kritisch auseinanderzusetzen, als Dagegendenker, der allen Hindernissen nachgeht, die den Menschen an der eigenen Selbstfindung behindern, d.h. an der kreativen Selbstsetzung als Individuum in post-christlicher, sündenloser, aber verantwortungsvoller Freiheit, wozu er in den kommenden Werken die dazu notwendigen Grundlagen zu entwickeln sucht: da Freiheit ohne Bewusstsein für ihn nicht vorstellbar ist, wozu es eben eine neue Philosophie braucht, aufgrund naturwissenschaftlicher Forschungen in alle Richtungen: nach vorne und hinten, nach oben und unten, im konsequenten Untersuchen auch der entsprechenden Behinderungen und Tabuisierungen, die es zu durchbrechen gilt, so wie er es mit den ihm – in seiner Jugend und während seines Studiums – vermittelten religiösen Vorstellungen getan

[1] Ebenda, S. 371-375.

hat, die für viele – z.T. auch noch für mich – bis heute prägende Geltung (gehabt) haben.

So hat denn auch für mich im Oberengadin, anlässlich der Sommerwerkstatt «Freie Geister: Figuren der Freiheit und des Übergangs», die schwierige Zeit der Isolierung und des stillen Rückzugs auf mich selbst, geendet. Und ich freue mich auf die baldige Erscheinung der angekündigten Publikation von Elke Wachendorff, Vorsitzende des Nietzsche-Forums-München e.V., in welcher die Bedeutung von Nietzsches erstem Aufenthalt im Oberengadin in seiner ganzen Fülle dargestellt wird![1]

---

[1] Elke Wachendorff: *Ein Wanderer und sein Schatten. Friedrich Nietzsches Gedanken-Gänge in St. Moritz*, Basel: Schwabe; Beiträge zu Friedrich Nietzsche Bd. 23, 2021.

Es giebt in der Welt einen einzigen Weg,

auf welchem niemand gehen kann

ausser dir: wohin er führt? Frage nicht, gehe ihn.

(SE 1; 1,339)

Andreas Mascha

Heil, wer *neue* Tänze schafft![1]

Gerade in unseren heutigen pandemischen Zeiten und unserer vielseitig – nicht nur viral – bedrohten Gesundheit lohnt ein rück-vorwärts gewandter Blick auf Nietzsches Verständnis einer «Großen Gesundheit», wie er sie im Aphorismus 382 seiner *Fröhlichen Wissenschaft* skizziert hat. Ja, mehr denn je und gerade für den schon halb blinzelnden Menschen des 21. Jahrhunderts bedürfen wir einer «neuen Gesundheit, einer stärkeren gewitzteren zäheren verwegeneren lustigeren, als alle Gesundheiten bisher waren.»[2] Nicht Angst, überzogener Sicherheitswahn oder die Illusion eines aseptisch sterilen Lebens und die damit einhergehende Kleingeistigkeit führen zu mehr Gesundheit – einer wirklichen Gesundheit, einer Großen Gesundheit, die alle Dimensionen des Menschen mit einschließt – sondern die intelligente Stärkung des Leibes und dessen «Großer Vernunft».

Der Königsweg zu dieser «Großen Vernunft des Leibes» ist ganz im Nietzscheschen Sinne der TANZ.

So endet der vorherige Aphorismus vor dem zur Großen Gesundheit, der Aphorismus 381 «Zur Frage der Verständlichkeit» in der *Fröhlichen Wissenschaft* mit den denkwürdigen Zeilen:

---

[1] © Verlag@AndreasMascha.de

[2] Nietzsche, Friedrich: *Die fröhliche Wissenschaft*, Goldmann Verlag, München, 1959, S. 342.

> ... ich wüsste nicht, was der Geist eines Philosophen mehr zu sein wünschte, als ein guter Tänzer. Der Tanz nämlich ist sein Ideal, auch seine Kunst, zuletzt auch seine einzige Frömmigkeit, sein «Gottesdienst»...[1]

Und ich wüsste nicht, welcher Zugang zur bewussten Kontaktierung und Entwicklung der großen Leibesvernunft (griech.: *soma-lógos*) besser geeignet wäre, als der TANZ![2]

Da hier (für die Ausschreibung des Nietzsche-Forum-München e.V.) das Medium der Sprache bzw. des Textes gewählt werden muss und der Tanz in seiner leiblichen Performativität einen anderen Ort braucht als bedrucktes Papier, möchte ich an dieser Stelle der pandemischen Herausforderung Nietzsches Tanzlied *An den Mistral* gegenüberstellen:

---

[1] Nietzsche, Friedrich: *Die fröhliche Wissenschaft*, a.a.O, S. 341.

[2] In meinem Vortrag im *Nietzsche-Forum München e.V.* vom 25.4.2005: *FlowDance und Nietzsches «Große Vernunft» des Leibes* habe ich versucht, Nietzsches große Wertschätzung für den TANZ und seine Bedeutung für die Große Vernunft des Leibes herauszuarbeiten. Vgl. meinen Aufsatz in*: Der Mensch – sein eigenes Experiment? Mit Nietzsche denken*, Band 4, Hrsg. Beatrix Vogel, München, 2008, S. 471 – 485, sowie online unter: www.AndreasMascha.de/Verlag/NietzscheProjek/Nietzsche-Forum-Band4-Mascha.pdf

An den Mistral[1]

Ein Tanzlied

Mistral-Wind, du Wolken-Jäger,
Trübsal-Mörder, Himmels-Feger,
Brausender, wie lieb' ich dich!
Sind wir Zwei nicht Eines Schosses
Erstlingsgabe, Eines Loses
Vorbestimmte ewiglich?

Hier auf glatten Felsenwegen
Lauf' ich tanzend dir entgegen,
Tanzend, wie du pfeifst und singst:
Der du ohne Schiff und Ruder
Als der Freiheit freister Bruder
Über wilde Meere springst.

Kaum erwacht, hört' ich dein Rufen,
Stürmte zu den Felsenstufen,
Hin zur gelben Wand am Meer.
Heil! da kamst du schon gleich hellen
Diamantnen Stromesschnellen
Sieghaft von den Bergen her.

Auf den ebnen Himmels-Tennen
Sah ich deine Rosse rennen,
Sah den Wagen, der dich trägt,
Sah die Hand dir selber zücken,
Wenn sie auf der Rosse Rücken
Blitzesgleich die Geissel schlägt, —

---

[1] Nietzsche, Friedrich: *Die fröhliche Wissenschaft*, a.a.O., S. 357 ff.

Sah dich aus dem Wagen springen,
Schneller dich hinabzuschwingen,
Sah dich wie zum Pfeil verkürzt
Senkrecht in die Tiefe stoßen, —
Wie ein Goldstrahl durch die Rosen
Erster Morgenröten stürzt.

Tanze nun auf tausend Rücken,
Wellen-Rücken, Wellen-Tücken —
Heil, wer neue Tänze schafft!
Tanzen wir in tausend Weisen,
Frei — sei unsre Kunst geheißen,
Fröhlich — unsre Wissenschaft!

Raffen wir von jeder Blume
Eine Blüthe uns zum Ruhme
Und zwei Blätter noch zum Kranz!
Tanzen wir gleich Troubadouren
Zwischen Heiligen und Huren,
Zwischen Gott und Welt den Tanz!

Wer nicht tanzen kann mit Winden,
Wer sich wickeln muss mit Binden,
Angebunden, Krüppel-Greis,
Wer da gleicht den Heuchel-Hänsen,
Ehren-Tölpeln, Tugend-Gänsen,
Fort aus unsrem Paradeis!

Wirbeln wir den Staub der Straßen
Allen Kranken in die Nasen,
Scheuchen wir die Kranken-Brut!
Lösen wir die ganze Küste
Von dem Odem dürrer Brüste,
Von den Augen ohne Mut!

Jagen wir die Himmels-Trüber,
Welten-Schwärzer, Wolken-Schieber,
Hellen wir das Himmelreich!
Brausen wir ... oh aller freien
Geister Geist, mit dir zu Zweien
Braust mein Glück dem Sturme gleich. —

— Und dass ewig das Gedächtnis
Solchen Glücks, nimm sein Vermächtnis,
Nimm den Kranz hier mit hinauf!
Wirf ihn höher, ferner, weiter,
Stürm' empor die Himmelsleiter,
Häng ihn — an den Sternen auf!

Nietzsches Gedicht *An den Mistral* ist nicht nur eines seiner sprachästhetisch schönsten Gedichte, sondern auch eine verdichtete Form seines philosophischen Denkens überhaupt. In diesem *Tanzlied*, wie es Nietzsche selbst klassifiziert hat, spiegelt sich in größter Prägnanz seine höchste Philosophie wider und realisiert sich – zumindest im Dichterischen – selbst. Die dionysische Feier, die Überwindung des Geistes der Schwere, das Jenseits von Gut und Böse, seine Vision einer großen Gesundheit, seine Lehre vom Übermenschen, seine Pneumatologie und weitere Topoi seiner «Philosophie der

Zukunft» leuchten in diesem Werk in poetisch eindringlicher Form auf. Wie wusste doch schon der große Hölderlin:

> Das Sein, das höher als alle Vernunft ist, - ist vorhanden als Schönheit. Es ist somit nicht in den Formen der abstrakt argumentierenden (philosophischen) Sprache aussagbar, sondern allein in der künstlerischen (poetischen) Gestalt zu vermitteln. Damit erhält die Kunst – und somit auch die Dichtung – innerhalb der menschlichen Erfahrungs- und Erkenntnismöglichkeiten ihren höchsten Rang, dem alle anderen Formen der Erkenntnis unterzuordnen sind.[1]

Und dies sind auch die tiefen Kraftquellen für eine Große Gesundheit.

Bevor wir uns etwas der Exegese dieses Gedichts widmen, hier noch ein paar Überlegungen zur philologischen Form des Tanzliedes. Das Tanzlied ist eine spätmittelalterliche Gattung der Lyrik, ein Lied, das zum gemeinsamen (Reigen-) Tanz gesungen wurde. In der unstrophigen Form wurde das Tanzlied auch als Tanz*leich* (vom althochdeutschen *leih* = gespielte Weise; sowie vom germanischen *laikaz* = Spiel, Tanz, Bewegung) bezeichnet. Das originäre Tanzlied ist mehr als nur ein Gedicht *über* den Tanz; es ist die gespielte Weise der Lyrik, d.h. der getanzte Tanz zum gesungenen Lied. Auch ohne tiefer in Nietzsches Kunstverständnis und seine Philosophie des Dionysischen einzutauchen, ist klar, dass es Nietzsche in seinen Werken und Aussagen immer um die höchstmögliche Erfahrungsintensität ging. So lässt er Zarathustra ausrufen: «Sind alle Worte nicht für die Schweren gemacht? Lügen dem

---

[1] Zitiert nach Rolf S. Günther: *Hölderlin – Einmal lebt ich wie Götter*, Gauting, 2006, S. 121.

Leichten nicht alle Worte! Singe! Sprich nicht mehr!»[1] Man könnte auch im Geiste Zarathustras bzw. Nietzsches noch fortfahren: «Tanze! Sitz nicht mehr!»

Nietzsches Tanzlied *An den Mistral* erschien 1887 in der erweiterten Neuherausgabe seines Werks *Die fröhliche Wissenschaft* (von 1882) im Anhang *Lieder des Prinzen Vogelfrei*. Dieses Gedicht, das ein Beispiel par excellence für die Freigeistigkeit des Prinzen Vogelfrei darstellt und erst in der Neuauflage der *Gaya Scienzia* erschienen ist, fällt auch in die Zeit von Nietzsches Arbeit an seinem zentralen Werk, dem *Zarathustra* (1883-1885).

Im *Zarathustra* nennt Nietzsche seinen «allerhöchsten großmächtigsten Teufel» – den «Geist der Schwere» und die Waffe, die er, als «Gottes Fürsprecher» gegen den Teufel einsetzt, ist das Tanzlied: «...und ich selber will ein Lied zu seinem Tanze singen: Ein Tanz- und Spottlied auf den Geist der Schwere».[2]

An den Mistral ist das Tanz- und Spottlied auf den «Geist der Schwere».

Der «Prinz Vogelfrei» weiß sich eins mit seinem «freisten Bruder», dem Mistral-Wind, dem «Wolken-Jäger, Trübsal-Mörder, Himmels-Feger» und ruft auf zur Jagd auf die «Himmels-Trüber, Welten-Schwärzer, Wolken-Schieber»: «Hellen wir das Himmelsreich!» – Eine Aussage jenseits des Erde-Himmel-Dualismus, ähnlich wie der Tanz der Troubadoure «zwischen Heiligen und Huren» auf das Jenseits von Gut und

---

[1] *Also sprach Zarathustra*, 3. Teil: *Die sieben Siegel*, KSA 4, 287 ff.

[2] *Also sprach Zarathustra*, 2. Teil: *Das Tanzlied*, KSA 4, 140.

Böse verweist, wozu es einen Mittler gibt – «zwischen Gott und Welt»: Den TANZ!

Der Mistral-Wind ist der Tänzer – ein pfeifender und singender Tänzer und Nietzsches Symbol für den GEIST. Dieser auch meteorologisch interessante provenzalische Fallwind, der sowohl sanft und warm als auch sehr stark und stürmisch wehen kann, ist für Nietzsche ebenso Metapher für den spirituellen Windhauch und göttlichen Odem. So kann man Nietzsches Gedicht auch als eine Ode an den GEIST lesen, als poetische Pneumatologie. Schon die mehrmals verwendeten Bilder des brausenden Windes, ja sogar die personale Ansprache: «Brausender, wie lieb' ich dich!» erinnern an die weiteren Bedeutungen des griechischen Wortes *pneuma* = Windhauch, Atem, bzw. der Ort, wo der Wind weht. Die Bedeutungen von Atem, Wind, Hauch hat auch das hebräische Wort *ruach* – neben ‹(heiliger) GEIST›. Es ist der göttliche Windhauch *ruach,* der dem Menschen seinen Odem bzw. Lebensatem (hebräisch: *näfäsch*) einhaucht: «Brausen wir... oh aller freien / Geister Geist, mit dir zu Zweien / Braust mein Glück dem Sturme gleich.»

In Nietzsches Mistral-Wind-Pneumatologie und der Figur des menschlichen Mittänzers wird bereits Nietzsches Leibphilosophie, wie sie dann u.a. im *Zarathustra* weiter ausgeführt wird, skizziert. «Werkzeug deines Leibes ist auch deine kleine Vernunft, mein Bruder, die du ‹Geist› nennst, ein kleines Werk- und Spielzeug deiner großen Vernunft.»[1]

---

[1] *Also sprach Zarathustra*, 1. Teil: *Von den Verächtern des Leibes*, KSA 4, 39 ff.

Nietzsche unterscheidet die «kleine Vernunft» des mentalen Geistes von der «großen Vernunft» des «begeisterten» Leibes, der vom GEIST-Wind belebt, bewegt und getanzt wird.[1] Von diesem GEIST-Wind her, weht uns auch die Möglichkeit einer Großen Gesundheit an, die die Krankenbrut verscheucht.
«Lösen wir die ganze Küste von dem Odem dürrer Brüste, von den Augen ohne Mut!»

JA: HEIL, WER *NEUE* TÄNZE SCHAFFT![2]

---

[1] Vgl. speziell das Kapitel «Annäherung an die ‹Große Vernunft› des Leibes» in: *FlowDance und Nietzsches «Große Vernunft» des Leibes* in: *Der Mensch – sein eigenes Experiment?* A.a.O., S. 480 ff.

[2] Zum Versuch einer tänzerischen Umsetzung von Nietzsches Tanzlied «An den Mistral» vgl. das VideoTanz-Projekt und die DVD *Tanzlied an den Mistral* von Andreas Mascha, erschienen in der Reihe *Nietzsche Projekt* im Verlag Andreas Mascha, München, 2009. Weitere Infos unter: www.NietzscheProjekt.de

Tanzen wir in tausend Weisen

(FW 357; 3, 597)

Erik Bindervoet & Ard Posthuma

Das Doppelinterview

Szene: Abendnebel. Sils Maria im Oberengadin im Schweizer Kanton Graubünden, die Liegewiese vor dem Haus der Familie Durisch, während des Lockdowns. Auf einer rauhen Holzgartenbank mit karmesinroten Polstern der Philosoph Friedrich Nietzsche unter einer ebenso rauhen Rosshaardecke, beschattet von einem scharlachroten Regenschirm. Neben ihm, in einem Schaukelstuhl, seine schwarz gekleidete Schwester Elisabeth mit einem Spitzenhütchen auf dem Dutt, über den Knien ein kariertes Tuch. Auf dem Tisch neben ihr eine Kristallkaraffe mit eiskaltem Quellwasser, Teetassen, einer Teekanne, einem Thermometer, einem Löffel, Muscheln, bunten Kieselsteinen, Zeitungen und Papiere. Etwa abseits im Gebüsch liegt Richard Wagner, der dem Virus zum Opfer gefallen ist und dessen Leichnam einen angenehmen Duft von Fäulnis und Verwesung verbreitet. Tritt auf: der Interviewer, mit Mundmaske und Notizblock, schüchtern, zögerlich. Er legt sofort los, um seine Unsicherheit zu verbergen.

INTERVIEWER

Herr Nietzsche, wie *geht* es Ihnen?

NIETZSCHE

Krank...

ELISABETH (*unterbricht*)

Bis zum Krieg von 1870 war er immer bei bester Gesundheit. Wir kommen aus einer sehr gesunden Familie. Rosige Backen. Volle Lippen. Starke Zähne...

NIETZSCHE (*fährt unerschütterlich fort*)

Schleimhautentzündung. Blutansammlung im Kopf.
Regelmäßige Kopfschmerzen. Magen- und Darmentzündung.
Wiederkehrende Erschöpfungs-symptome.
Erkältung. Grippe. Rheumatische Schmerzen im Nacken. Extreme Schlaflosigkeit. Ohnmachtsanfälle.
Schlüsselbeinbruch. Geschwüre.
Kurzsichtigkeit. Anhaltende Heiserkeit. Selbstmordgedanken. Magenverstimmung. Schwer seekrank. Erbrechen von Galle. Migräneanfälle. Ohrenentzündung. Gürtelrose im Nacken. Rheuma ... Extreme Augenschwäche ...

ELISABETH (*unterbricht wiederum*)

Wir lebten immer sehr gesund, bei uns zu hause. Wir aßen viel Gemüse und Obst und Mehlspeisen, wenig Fleisch, wir tranken kein Bier oder Wein zum Essen, während das zu der Zeit doch ganz normal war. Zwei Zitronen am Tag war immer mein Rezept für ein gesundes Alter.

NIETZSCHE (*fährt unbeirrt weiter*)

Verstauchter Fuß. Verwurzelte Neurose.
Anhaltende Depression, Tag und Nacht.
Starke Kopfschmerzen. Rheumatische Kopfschmerzen.
Ewige Kopfschmerzen, ewiges Erbrechen ...

ELISABETH (*plappert ruhig weiter, der Interviewer wird allmählich nervös*)

Mit Ärzten und Medikamenten hatte man nichts am Hut, bei uns zu Hause.

Kaltes Wasser, das tut einem Menschen gut. Spartanische Kaltwassergüsse, Kompressen, lange Spaziergänge in der Natur und viel Wasser trinken, so etwas. Wir glaubten daran, vielleicht, weil Omas Mädchenname Hahn war und sie daher entfernt mit Johann Sigmund Hahn, dem Begründer der Hydrotherapie, verwandt war. Wer wird es sagen?
(*sie genießt den Sonnenuntergang, der wirklich wunderschön ist, ein lila Fieberglühen, das langsam hinter den Bergen verschwindet*)
Nein, die Zeit hört nicht bei den Großeltern auf. Wer weiß, woher wir alle kommen... Die Leute haben ihr Gedächtnis verloren. Im Hier und Jetzt Leben lautet heutzutage die Parole von denen, die bis an die Knöchel im Sumpf der Gegenwart waten, wie Flamingos auf salzigen Beinen in niedrigen Teichen...
Ich sehe noch alles sehr scharf vor mir. Ich spüre immer noch diese eisigen Kaltwassergüsse!
Vielleicht ist es das. Sie müssen etwas *gefühlt* haben, um sich an etwas zu erinnern ...

NIETZSCHE (*versteckt sich unter der Decke*)
Geldsorgen. Geistige Erschlaffung. Blutwallungen im Kopf. Augenschmerzen. Diphtherie im Rachen und Ruhr. Durchfall. Lange Zeit bewußtlos. Paralysis progressiva. Sehr labile Verfassung. Sehr apathisch. Wutattacken.
Rückenversteifung. Lungenentzündung. Lähmungssymptome. Kinnkrämpfe. Schwerer Schlaganfall. Koma. Druckstellen ...

ELISABETH (*schaukelnd*)
Aber Fritz war immer sehr sportlich: Er ging schwimmen,

skaten, wandern und rodeln. Nein, er war kein philosophisches Bleichschnäbelchen. Alles andere!
Er hatte schöne blonde schulterlange Locken.
Wenn er nicht diese ausdrucksstarken braunen Augen gehabt hätte und nicht so förmlich im Umgang gewesen wäre, hätte niemand in ihm den begabten, seltsamen Jungen gesehen, der er wirklich war, im Grunde genommen ...

INTERVIEWER (*greift ein*)
Aber wie *geht* es Ihnen, wie geht es Ihnen jetzt, Herr Nietzsche? Schließlich gehören Sie zur Risikogruppe, sind Sie schon geimpft?

ELISABETH
Ein Nietzsche lässt sich nicht impfen.

NIETZSCHE (*kommt wieder zum Vorschein, heiter*)
Ich bin die Impfung!

IINTERVIEWER (*frech*)
Spaß beiseite.

NIETZSCHE
Ist mir durchaus ernst. Ich halte es aufrichtig für möglich, die ganze absurde Lage Europas durch eine Art von welthistorischem Gelächter in Ordnung zu bringen, ohne dass auch nur ein Tropfen Bluts zu fließen brauchte.[1]

---

[1] An Jean Bourdeau in Paris, Turin, verm. 1. Januar 1889.

INTERVIEWER

Ja, Lachen ist gesund.

Aber nun mal ohne Witz, was halten Sie von der Epidemie?

ELISABETH

Sie reden von der Corona? Das ist eine Erfindung der pharmazeutischen Industrie, ein Lügenmärchen, das ist doch klar! Das weiß man doch, das ist bekannt. Darüber wurde in maßgeblichen Veröffentlichungen berichtet.

Lassen Sie nichts vormachen von der Lügenpresse!

NIETZSCHE

Ich habe natürlich überhaupt nichts davon erfahren, dass es eine solche Epidemie gab. Hier am Ort fließen die Gedanken wie die schnell fließenden kühlen Bäche, wie die plätschernden Wasserfälle um uns herum! Hier weht nur der frischeste Wind, hier herrscht nur die frischeste Bergluft, ausgeatmet und wieder eingeatmet von uns Freigeistern![1] (*lacht*)

ELISABETH

Oder es ist eine biologische Waffe, entwickelt in den Köpfen der immer rachsüchtigen Asiaten, irgendwo in einem chinesischen Labor. Auch darüber wurde veröffentlicht. Wo habe ich's nur? (*sucht in ihren Papieren, vergeblich*)

---

[1] Brief An Franziska und Elisabeth Nietzsche, 19./20. April 1874, BVN-1874, Nr. 359.

INTERVIEWER

Um zur Epidemie zurückzukehren ...

NIETZSCHE

Wie bekommt der Einzelne gegen die Epidemie Halt?[1] That is the question.

Das ist meine Frage. Und Schopenhauer ... Und Wagner ... Wie wehrt man sich gegen das ausbrechende Bedürfnis der Lüge[2] – diese Epidemie. Oder die des guten Zeitgeschmacks[3] ... Die Frage der Epidemie und der Contagiosität, das Problem der «Gesundheit» und der «Hysterie»[4] ...

Das sind sehr komplexe und interessante Fragen. Die kann man nicht mit *herd immunity* lösen. Herdenimmunität, dass ich nicht lache! Die Herde selbst ist das Problem! Alles, was die Rotte anfasst, ist kontaminiert! Wir brauchen Immunität gegen die Herde! «Wer sucht, der geht leicht selber verloren. Alle Vereinsamung ist Schuld»[5]: also spricht die Herde. Und du gehörtest lange zur Herde ...

Heute noch leidest du an den Vielen, du Einer: heute noch hast du deinen Mut ganz und deine Hoffnungen. Aber einst wird dich die Einsamkeit müde machen, und dein Mut knirschen. Schreien wirst du einst «ich bin allein!» ... Einsamer, du gehst den Weg zu dir selber! Und an dir selber führt dein Weg vorbei, und an deinen sieben Teufeln!... Einsamer, du gehst den Weg des Schaffenden: einen Gott willst du dir schaffen

---

[1] Nachgelassene Fragmente Sommer 1878, NF-1878,30[166], KSA 8, 552.
[2] Nachgelassene Fragmente Frühjahr 1884.
[3] Nachgelassene Fragmente Sommer 1878, NF-1878,30[166], KSA 8, 552.
[4] Nachgelassene Fragmente Mai–Juni 1888, NF-1888,17[9], KSA 13, 530.
[5] Nachgelassene Fragmente Sommer-Herbst 1882, NF-1882, 3 [1].426, KSA 10, 105.

aus deinen sieben Teufeln!... Einsamer, du gehst den Weg des Liebenden: dich selber liebst du und deshalb verachtest du dich, wie nur Liebende verachten...[1]
Voilà, meine fröhliche Vakzination,
meine ZarathustraSeneca, meine NietzscheModerna!

ELISABETH

Nein, es kommt von Amerika. Gefördert vom Milliardär und Eidechsenkönig Bill Gates um die Weltbevölkerung zu reduzieren. Und dabei beabsichtigt er mit dem Verkauf eines längst verfügbaren Impfstoffs Kasse zu machen, mit Unterstützung der komplett verjüdischten Weltgesundheitsorganisation. Damit nur die Kasse klingelt! Aber Millionen stehen hinter mir und wissen es längst, jawohl! Frau Gates hat ihren Mann nicht ohne guten Grund verlassen. Das verstehe ich als alleinerziehende Witwe, als Frau, als Vertreterin des sogenannten schwächeren Geschlechts sehr gut. Vielleicht können das nur Frauen verstehen ... Wir sind der Natur immer viel näher als der kulturtragende Mann ... Und damit der Wahrheit... Diese arme, viel gequälte Frau hat es nicht mehr ausgehalten ...
Diese Basilisken ... Diese gespaltenen Zungen ... All diese ... Lügen ... Genau wie du sagst, Brüderchen ...

INTERVIEWER

Um noch mal kurz ...

---

[1] *Also sprach Zarathustra, Vom Wege des Schaffenden*, KSA 4, 80.

NIETZSCHE (*witternd*)

Riechen Sie das? Dieses wundervolle Totengräberparfüm, dieses wundervolle unverfälschte unverwechselbare Aroma des Leichenbitters? Das ist Wagner! Ich ziehe Handschuhe an, wenn ich die Partitur des Tristan lese ... Die immer mehr um sich greifende Wagnerei ist eine leichtere Sinnlichkeits-Epidemie, die «es nicht weiß»; gegen Wagnersche Musik halte ich jede Vorsicht für geboten[1]: 1,5 Meter Mindestabstand, Mundmasken, Ohrstöpsel, nicht mehr als acht Zuhörer auf einmal, Husten und Niesen in den Ellenbogen, vorher Hände waschen in Unschuld und danach obligatorische Quarantäne!

INTERVIEWER

Musik nicht länger als Balsam für die Seele, sondern als Virus des Seelenheils *tout court*, meinen Sie?

NIETZSCHE

Es war eine echt Schopenhauerische Konsequenz, dass sein überzeugtester Anhänger (vielleicht auch sein letzter, was Deutschland betrifft), nämlich Richard Wagner, das eigne Lebenswerk gerade hier zu Ende brachte und zuletzt noch jenen furchtbaren und ewigen Typus als Kundry auf der Bühne vorführte, *type vécu*, und wie er leibt und lebt; zu gleicher Zeit, wo die Irrenärzte fast aller Länder Europas einen Anlass hatten, ihn aus der Nähe zu studieren, überall, wo die religiöse – oder, wie ich es nenne, «das religiöse Wesen»– als «Heilsarmee» ihren letzten epidemischen Ausbruch und Aufzug gemacht hat.

---

[1] Nachgelassene Fragmente Oktober 1888, NF-1888,23[2], KSA 13, 600.

Fragt man sich aber, was eigentlich am ganzen Phänomen des Heiligen den Menschen aller Art und Zeit, auch den Philosophen, so unbändig interessant gewesen ist: so ist es ohne allen Zweifel der ihm anhaftende Anschein des Wunders, nämlich der unmittelbaren Aufeinanderfolge von Gegensätzen, von moralisch entgegengesetzt gewerteten Zuständen der Seele: man glaubte hier mit Händen zu greifen, dass aus einem «schlechten Menschen» mit Einem Male ein «Heiliger», ein guter Mensch werde.[1]

ELISABETH

Ja, denn eigentlich stecken ja die Juden dahinter. Das ist doch klar wie Kloßbrühe. Das chinesische Labor für Virologie liegt direkt neben der vom jüdischen US-Milliardär Soros finanzierte Wuxi PharmaTech Inc. Die Adresse verrate ich Ihnen gern: 666 Gaoxin Road East Lake, Wuhan. Ha! 1+1=2! Und wissen Sie, warum die Israeliten alle geimpft wurden? Oder eher womit? Mit einem Placebo! Die warten nur darauf, dass wir alle ausgelöscht werden, dass wir alle durch unsere eigenen Impfstoffe ausradiert werden, und dann haben sie endlich die Weltherrschaft in ihren Händen! In ein paar Jahren ist fertig mit uns... Wenn wir nicht aufpassen, nicht wachsam sind, uns nicht gegen den Schwindel immunisieren...

NIETZSCHE

Wo wir gerade vom Glauben reden... Im Allgemeinen gilt: bei allen großen Religionen handelte es sich in der Hauptsache um die Bekämpfung einer gewissen, zur Epidemie gewordenen

---

[1] *Jenseits von Gut und Böse*, § 47, Erste Veröff. 04/08/1886, KSA 5, 69.

Müdigkeit und Schwere.

Man kann es von vornherein als wahrscheinlich ansetzen, dass von Zeit zu Zeit an bestimmten Stellen der Erde fast notwendig ein physiologisches Hemmungsgefühl über breite Massen Herr werden muss, welches aber, aus Mangel an physiologischem Wissen, nicht als solches ins Bewusstsein tritt, so dass dessen «Ursache», dessen Remedur auch nur psychologisch-moralisch gesucht und versucht werden kann (dies nämlich ist meine allgemeinste Formel für Das, was gemeinhin eine «Religion» genannt wird).[1]

INTERVIEWER

Meinen Sie so etwas wie eine spirituelle Epidemie?

NIETZSCHE

Mensch, Esel! Hör' doch mal zu ...

Der religiöse Mensch, wie ihn die Kirche will , ist ein typischer Décadent; der Zeitpunkt, wo eine religiöse Krisis über ein Volk Herr wird, ist jedes Mal durch Nerven-Epidemien gekennzeichnet; die «innere Welt» des religiösen Menschen sieht der «inneren Welt» der Überreizten und Erschöpften zum Verwechseln ähnlich; die «höchsten» Zustände, welche das Christentum als Wert aller Werte über der Menschheit aufgehängt hat, sind epileptoide Formen, — die Kirche hat nur Verrückte oder große Betrüger *in majorem dei honorem* heiliggesprochen ... Ich habe mir einmal erlaubt, das ganze christliche Buss- und Erlösungstraining (das man heute am besten in England studiert) als eine methodisch erzeugte *folie*

---

[1] *Zur Genealogie der Moral,* III, § 17, Erste Veröff. 16/11/1887, KSA 5, 378.

circulaire zu bezeichnen, wie billig, auf einem bereits dazu vorbereiteten, das heißt gründlich morbiden Boden.[1]
Im Gefolge dieses Trainings finden wir ungeheure epileptische Epidemien, die größten, von denen die Geschichte weiß, wie die der St. Veit- und St. Johann-Tänzer des Mittelalters; wir finden als andre Form seines Nachspiels furchtbare Lähmungen und Dauer-Depressionen, mit denen unter Umständen das Temperament eines Volkes oder einer Stadt (Genf, Basel) ein für alle Mal in sein Gegenteil umschlägt; hierher gehört auch die Hexen-Hysterie, etwas dem Somnambulismus Verwandtes (acht große epidemische Ausbrüche derselben allein zwischen 1564 und 1605); wir finden in seinem Gefolge insgleichen jene todsüchtigen Massen-Delirien, deren entsetzlicher Schrei «evviva la morte» über ganz Europa weg gehört wurde, unterbrochen bald von wollüstigen, bald von zerstörungswütigen Idiosynkrasien: wie der gleiche Affektwechsel, mit den gleichen Intermittenzen und Umsprüngen auch heute noch überall beobachtet wird, in jedem Falle, wo die asketische Sündenlehre es wieder einmal zu einem großen Erfolge bringt; die religiöse Neurose erscheint als eine Form des «bösen Wesens»: daran ist kein Zweifel.[2]

INTERVIEWER

Gibt es auch einen anderen Weg, Ihrer Meinung nach?

---

[1] *Der Antichrist,* § 51, Druckfertig 20/11/1888, KSA 6, 231.
[2] *Zur Genealogie der Moral,* III, § 21, Erste Veröff. 16/11/1887, KSA 5, 392.

NIETZSCHE

Einige Völker haben, vermöge die Kunst des Idealisierens, aus Krankheiten große Hülfsmächte der Kultur geschaffen: zum Beispiel die Griechen, welche in früheren Jahrhunderten an großen Nerven-Epidemien (in der Art der Epilepsie und des Veitstanzes) litten und daraus den herrlichen Typus der Bacchantin herausgebildet haben. Die Griechen besaßen nämlich nichts weniger als eine vierschrötige Gesundheit; ihr Geheimnis war, auch die Krankheit, wenn sie nur Macht hatte, als Gott zu verehren.[1] Und zwar tritt dieses Phänomen epidemisch auf: eine ganze Schar fühlt sich in dieser Weise verzaubert. Der Dithyramb ist deshalb wesentlich von jedem anderen Chorgesange unterschieden. Die Jungfrauen, die, mit Lorbeerzweigen in der Hand, feierlich zum Tempel des Apollo ziehen und dabei ein Prozessionslied singen, bleiben, wer sie sind, und behalten ihren bürgerlichen Namen: der dithyrambische Chor ist ein Chor von Verwandelten, bei denen ihre bürgerliche Vergangenheit, ihre soziale Stellung völlig vergessen ist: sie sind die zeitlosen, außerhalb aller Gesellschaftssphären lebenden Diener ihres Gottes geworden...[2]

INTERVIEWER

Im Grunde sagen Sie, dass die spirituelle und die physische Pandemie Hand in Hand gehen?

---

[1] *Menschliches Allzumenschliches I*, § 214, Erste Veröff. 07/05/1878, KSA 2, 274.

[2] *Die Geburt der Tragödie aus dem Geist der Musik*, § 8, Erste Veröff. 02/01/1872, KSA 1, 61.

NIETZSCHE

Richtig! Das Christentum erscheint als eine epidemische Panik; es war prophezeit worden, daß in Kürze die Erde untergehen würde.

An den Gedanken dieser furchtbaren Gefahr rankten sich benachbarte Gedanken an, — Untergang warum? Um unserer Sünden halber?[1] — Die Märtyrer-Tode, anbei gesagt, sind ein großes Unglück in der Geschichte gewesen: sie verführten ... Der Schluss aller Idioten, Weib und Volk eingerechnet, dass es mit einer Sache, für die jemand in den Tod geht (oder die gar, wie das erste Christentum, todsüchtige Epidemien erzeugt) etwas auf sich hat, dieser Schluss ist der Prüfung, dem Geist der Prüfung und Vorsicht unsäglich zum Hemmschuh geworden. Die Märtyrer schadeten der Wahrheit ...

Auch heute noch bedarf es nur einer Krudität der Verfolgung, um einer an sich noch so gleichgültigen Sektiererei einen ehrenhaften Namen zu schaffen. Wie?[2]

INTERVIEWER *(ratlos)*

Oui, oui, je suis Charlie...

NIETZSCHE

Die moralischen Urteile sind Epidemien, die ihre Zeit haben...[3]

ELISABETH

Jawohl, meine Zeit wird schon noch kommen...!

---

[1] Nachgelassene Fragmente Frühjahr 1880, NF-1880,3[117], KSA 9, 81.

[2] *Der Antichrist*, § 53, Druckfertig 20/11/1888, KSA 6, 235.

[3] Nachgelassene Fragmente Frühjahr–Herbst 1881, NF-1881,11[117], KSA 9, 483.

(kichert; am Himmel ertönt der rauhe Schrei einer Alpenkrähe, an deren Hals sich ein fetter Regenwurm ringelt, nicht als Nahrung gedacht, sondern als Schmuck. Ihre Tiere! Keine invasiven Exoten unter der einheimischen Sonne, sondern das geheimnisvollste Tier der einheimischen Erde! Reine, einheimische Tiere! Deutsche Tiere! Lutherische Tiere!)

NIETZSCHE

(*beiseite*) Nun reicht's mir aber, nun hab ich's satt... ich habe fertig!

Wenn ich den tiefsten Gegensatz zu mir suche, die unausrechenbare Gemeinheit der Instinkte, so finde ich immer meine Mutter und Schwester, — mit solcher canaille mich verwandt zu glauben wäre eine Lästerung auf meine Göttlichkeit.. Die Behandlung, die ich von Seiten meiner Mutter und Schwester erfahre, bis auf diesen Augenblick, flößt mir ein unsägliches Grauen ein: hier arbeitet eine vollkommene Höllenmaschine, mit unfehlbarer Sicherheit über den Augenblick, wo man mich blutig verwunden kann — in meinen höchsten Augenblicken ... denn da fehlt jede Kraft, sich gegen giftiges Gewürm zu wehren ...

Die physiologische Kontiguität ermöglicht eine solche *disharmonia praestabilita*... Aber ich bekenne, dass der tiefste Einwand gegen die «ewige Wiederkunft», mein eigentlich abgründlicher Gedanke, immer Mutter und Schwester sind ...[1]

(*abstrahiert, deklamiert*) Der Mensch hat es satt, oft genug, es gibt ganze Epidemien dieses Satthabens (so um 1348 herum,

---

[1] *Ecce Homo*, Warum ich so weise bin, § 3, KSA 6, 268.

zur Zeit des Totentanzes): aber selbst noch dieser Ekel, diese Müdigkeit, dieser Verdruss an sich selbst – alles tritt an ihm so mächtig heraus, dass es sofort wieder zu einer neuen Fessel wird...[1]

INTERVIEWER

Sehen Sie das in der aktuellen Situation in Ihrem Heimatland wieder?

Und wenn ja, was macht das mit Ihnen? Ich meine, stimmt das Leben in einem Risikogebiet mit Ihrem Ideal gefährlich zu leben, überein?

NIETZSCHE

In Deutschland ist die Furcht vor der Konvention epidemisch.[2] Die Epidemien raffen die Schwachen fort...[3] Die Epidemien, die Halluzinationen, die Tänze und Gebärden-Zeichen, das Lied (...) die optischen Gesichtsbilder: Gehörsbilder: Tastbilder...[4] Was ist das hier? Ein Löffel. Wer hat den gezeichnet? Friedrich Nietzsche. Was ist das hier? Ein Ohr?... Eine Nase?... Hände mag ich nicht ... Habe einen Mund zum Essen. Soll ich das essen? Mein Mund, sag ich. Ich sag, mein Mund. Ich will essen ... Was ist das? Schöne Milch, die liebte ich sehr... Was wollen wir jetzt noch essen? Na, das Zeug also. Ob es auch schmeckt? Es wird schmecken. Was wollen wir sonst noch essen. Schönes Zeug. Wer soll es essen? Ich muss es essen. Selbst essen ... Ich

---

[1] *Zur Genealogie der Moral*, III, §13. Erste Veröff. 16/11/1887, KSA 5, 367.

[2] Nachgelassene Fragmente Sommer–Herbst 1873, NF-1873,29[121], KSA 7, 686.

[3] Nachgelassene Fragmente Frühjahr 1888, NF-1888,15[40], KSA 13, 432.

[4] Nachgelassene Fragmente Frühjahr 1888, NF-1888,14[118], KSA 13, 295.

habe viel gegessen. Ich habe viel übersetzt. Ich bin gewöhnt ... Ich habe an einem schönen Ort gewohnt in Naumburg und noch an einem ganz anderen Ort nicht Naumburg ... Ich bin zum Boden gegangen und habe meine Schwester geweckt ... Sie sitzt im Schrank und sie schreibt gute Briefe ...[1]

ELISABETH

Jetzt hören Sie es einmal aus berufenem Munde!

INTERVIEWER (*taumlig, betroffen, platt*)

Herr Nietzsche, Frau Förster, ich danke Ihnen für das Gespräch. Und bleiben Sie gesund.

NIETZSCHE

Wie sollte ich denn? Oder gibt es etwa Epidemien der Gesundheit?[2]—

ELISABETH

Ich werde euch alle überleben!

(*Exit Interviewer, während sich langsam die Dunkelheit ausbreitet über den Philosophen, seine Schwester, Sils Maria, die Berge und die Welt.*)

---

[1] Aus den ‹*Wahnsinnszetteln*›, passim.

[2] F.N., *Menschliches Allzumenschliches* II, *Der Wanderer und sein Schatten,* § 129, Erste Veröff. 18/12/1879, KSA 2, 609.

Weitere Quellen:

Erik Bindervoet & Saskia Pfaeltzer, *Aldus sprak Nietzsches Zuster*, Wereldbibliotheek, Amsterdam, 2019

Erik Bindervoet & Robbert-Jan Henkes, *De Nietzsche is ziek-kalender*, Filosofie Magazine i.s.m. Uitgeverij Contact, Amsterdam, 2000

Katharina Nocun & Pia Lamberty, *Fake Facts, wie Verschwörungstheorien unser Denken bestimmen* (m.n. hoofdstuk 13: *«Corona? Eine Erfindung der Pharmaindustrie!» – Verschwörungsglaube im Ausnahmezustand*), Quadriga, Köln, 2020

Mein Genie ist in meinen Nüstern

(EH, Schicksal 1; 6, 366)

Emanuele Enrico Mariani

Eine neue Sonne

Da du es ausgesprochen hast
dass wir uns nicht fühlen
«als eine Bruderschaft des Todes »
so wollen wir uns jetzt
im Namen der Freude wiedersehen.

Von der Bibel bis zu *Zarathustra*
durch die großen Werke aller Propheten
bleibt geschrieben, dass wir
das Böse in das Gute wenden können.

So können wir Widerstand leisten
in der grenzenlosen Finsternis.

Eine neue Sonne, größer und schöner,
wartet daher in dieser Mitternacht so,
dass die Einsamkeit nicht lange dauert.

Geduldig in der Widrigkeit
strebt der Geist nach seiner Freiheit:
Denn er will schaffen!

Mit dieser Gewissheit
«müssen» wir in die Zukunft schauen:
jedes Übel schlägt uns nur dazu,
dass wir in uns selbst
das neue Gute wieder entdecken.

Vielleicht bauen wir nur die Grundlagen,

auf denen spätere Menschen auch wieder

den Tempel der Freude errichten

(MA II, VM 187; 2, 462)

Cora Hubrich

Virenschauplatz und der Zahlenshutdown

viele Zahlen leuchten
sollen warnen
sollen weisen
in den Zahlen
suche ich
nach Wahrheit
nach Erkenntnis
und es
flutschen
neue Zahlen
hoch
wischen
alte weg
und ich
denke
suche
weiter
in den
Zahlen
finde dort
meinen Glauben
den ich greife
an dem ich mich halte
halte fest

und ich werfe Zahlen
in den Raum
die erscheinen
groß und stark
und von
anderen Ecken
kommen Würfe
mit
anderen Zahlen
auf meine
krachen aufeinander
ping pong
hin und her
jeder sucht
sucht nach mehr
noch mehr Zahlen
hin und her
und am Schluß
regieren Zahlen

Gruppe der Risiken

in der Quarantäne
plötzlich und schnell
die Tür schlug zu
das Gesicht vor der Wand
der Blick auf die Wand
kein raus
kein hinaus
ohne Weite
keine Rechte hinaus
gefangen im Zimmer
gefangen bei sich
an der Tür kratzend
hinaus

Ängste fluten
Angstbilder erscheinen
Atemnot
um Luft ringend
von innen drücken
Luft hinein
schweres Atmen
Luft hinein
sauge Leben
Leben hinein
suche meine
restlichen Lebensstunden
sauge sie ein
in Not

um Leben ringend
und ich atme

nach der Quarantäne
auf mich geworfen
leere Plätze
Vereinzelte
stehen für sich
blicken mit Ängsten
auf andere
ziehen sich
zurück
in sich hinein
starren
auf Zahlen
hören
Lautsprecher, die warnen
geht - zieht Euch
in Eure Häuser zurück

die Angst huscht
wie ein Mäuschen
hin und her
versteckt sich
lugt vor
krabbelt nachts
wie eine Wanze
am Rücken hoch
saugt sich fest
beisst Dich

verschwindet am Tag
in eine Ritze
flattert
wie eine Fledermaus
in Deine Haare
reisst sie
nach oben
wie wird die Zukunft
wie Dein Leben?

Halt im Digitalen

und die Fernsehkrake
frisst sich jeden Abend
in mich hinein
legt sich um
meine Gehirnwindungen
ganz fest
drückt zu
bis ich ganz gebannt
ohne Unterlass
sie anstarre
bis sich mein
Bewußtsein verändert
krallt sie sich nochmals
ganz fest ein
und ich wache
gemeinsam mit ihr auf
benebelt von ihren Bildern
die sich in mir
verselbständigen
unbekannte Meme
wohnen jetzt - in mir

neue Götterwelt
Stürme und Meere
die brausen und wüten
hießen Poseidon und Äolus
waren Götter
die Mächtigen - über uns

Flüsse aus Daten und Finanzen
die fluten
die überfluten
sind die neuen Götter
die Mächtigen - über uns

Sicherheit und Abgrund

weiche, wolkige
Traummatratze
in die ich mich
fallen lassen kann
in Not, in Krankheit
sicher umschliesst Du
sicher hältst mich fest
Sicherheit der Jugend
Sicherheit des Traumes
aus der ich
langsam erwacht
ahne den harten Fall
ahne der Armut
ahne der Einsamkeit
ahne der Schmerzen
ohne Sicherheit
der harte Fall

in den Gesellschaftsschichten
mitten drin
nicht außen vor
nicht von oben herab
mitten drin
früher ummantelt
verwoben
jetzt zerrissen
keine Orientierung
findend

abgehängt
am dünnen Faden
hängend
vor dem Unten
heftig strampelnd
um in der
Mitte zu bleiben
mitten drin

die vermeintliche Sicherheit
Worthülsen – Nebelschwaden
unter mir Risse
der Boden wölbt sich
und ich rutsche
der Riss durch die Gesellschaft
ist der Riss
mitten
hindurch durch mich

Postapollinischer, antidionysischer Algo – Rhythmiker

(C. Kiehs-Glos)

Rüdiger Kendziora

Irrfahrt

Alle Freuden des Lebens
sind nun genommen im Nu,
ich fühl‘ mich beklommen,
finde keine Ruh‘,
das erhitzte tropische Tempo
im Wetteifern um Glücksgelingen,
kühlt ab das Erdenringen,
wenn so manch einer ringt mit Tod.
Ist die Hypothek aufgebraucht,
das Weltverhängnis zum Weltgefängnis mutiert,
irren Seelen hilflos umher,
kein Leuchtturm in Sicht,
der der Odyssee der Menschheit
einen Hafen der Zuversicht verspricht,
Virologen die Zukunft ziehen vor Gericht
und Ohnmacht aus aller Munde spricht,
meine Liebste, dann denk ich nur an dich.

Lust am Irrsinn, [...]

weil der Irrsinn so ein fröhliches Tempo hat!

(FW 76; 3, 432)

Rüdiger Görner

Werde ein Wagnis

Werde zur Landschaft,
gehe ein in diese Bläue
und wogende Weite.
Werde Gipfel und Schlucht,
Weide und Weinberg,
werde was keiner je war:
ein Klangbild des Liebens,
den Worten ein Hafen,
dem See ein Gedächtnis.
Werde ein Wagnis,
so milde das Klima auch sei,
Wagnis wie eine Wurzel aus Glas.

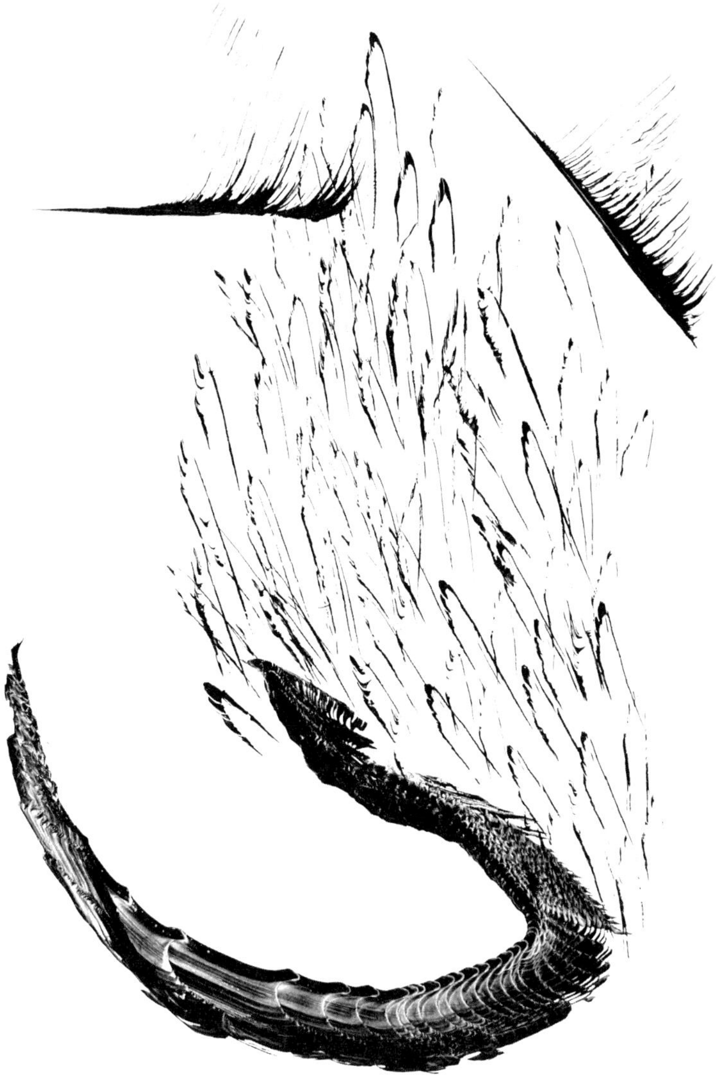

Saugt eure Lebenslagen und Zufälle aus und geht dann

in andere über.

Es genügt nicht, ein Mensch zu sein,

wenn es gleich der nothwendige Anfang ist.

(Nachlass 1881, 11[304]; 9,558)

Uwe Rauschelbach

Die Maske

Ich sehe ihn vor mir. Wie er zögernd um die Ecke schleicht, in diesem altmodisch vornehmen Aufzug. Er wirkt wie aus der Zeit gefallen, wie er nun einen Schritt vor den anderen setzt, tastend, als bewegte er sich nicht voran, sondern vielmehr zurück. Wie ein Fremder auf Erden, dem die Gegenwart entglitten und die Zukunft abhandengekommen ist.

Vor dem Geschäft hat sich eine lange Schlange gebildet. Wie sich überhaupt in diesen Tagen die öffentlichen Räume zu verengen scheinen und die Luft knapper zu werden droht. Plätze müssen verteidigt und müssen erobert werden. Fortwährend heißt es, irgendwo anzustehen und sich voran zu kämpfen. Dem scheinen nicht nur hektische Gesten, sondern auch lautstarke Signale zu dienen, mit denen man einander zu übertrumpfen trachtet. Eine aggressive Spannung teilt sich dem Einsamen mit, der sich bedrängt fühlt, obwohl ihn niemand kennt und niemand ihn anspricht. Doch der Lärm, der über den Straßen und Plätzen wogt, lastet auf seinen Schultern. Schon spürt er die ersten Schmerzwellen, die sich hinter der Stirn sammeln. Aber umkehren? Wohin? Zurück in die Einsamkeit seiner Stube, die ihn stets gnädig aufnimmt, ihn aber immer wieder in eine Welt entlässt, die sich ihm von Mal zu Mal immer weiter entzieht? Und überdies: Man kann nicht fortwährend ins Alte zurück. Wer seine Schiffe verbrannt hat, dem bleibt nur übrig, tapfer zu sein.[1]

---

[1] Friedrich Nietzsche, *Menschliches, Allzumenschliches* I, § 248, KSA 2, 206.

Menschen kommen ihm auf seinem Weg entgegen. Doch sie begegnen ihm nicht. Alles eilt umher in rätselhaftem Bestreben. Die Masken verleihen den Gesichtern etwas Unwirkliches. Es ist nicht mehr nur die Fremdheit des Anderen, vor dem er innerlich zurückschreckt, sondern die beunruhigende Empfindung, dass es nicht etwa der freie Geist ist, der hinter der Maske Schutz sucht. Die Maske verbirgt das Freie nicht, sondern zeigt es vielmehr in seiner eigentlichen Gestalt – als brüske Täuschung.

Schwindel ergreift ihn. Wie gut täte es jetzt, in die Waldeinsamkeit einzutauchen, der er sich, wann immer es seine schwankende Konstitution zulässt, auf seinen langen Gängen überlässt, um die Gedanken fließen zu lassen, sie vor sich auszusprechen und mit sich selbst in ein Gespräch zu treten. Zu spüren, wie sich das Chaos im Kopf allmählich zu ordnen beginnt und sich das nervöse Summen in Klänge wandelt, die von weither kommen und ihm doch so vertraut sind. Die Musik seines Lebens. Der Grundton seines Seins, der sich in der kakophonen Gegenwart seinen Weg durch ein dichtes Gestrüpp von Dissonanzen bahnt. Für einen Moment wünscht er sich, taub zu sein. Stocktaub wie Beethoven, der sich ungestört in seinen Klangkosmos zurückziehen konnte. Wagner, denkt er in einem Anflug von abgestandener Bitterkeit, hatte davon keine Ahnung. Dieser alte Zauberer; sein Klangkosmos war nur tönende Fassade.

Nicht lange hat es gedauert, dies zu erkennen. Aber ein ganzes Leben, sich von dem trickreichen Magier zu befreien. Doch wo die Freiheit errungen ist, droht Verbannung. Erst neulich war ihm dies bei einem seiner Aufenthalte in der Natur wieder in klarem Licht erschienen: dass dem freien Geist kein

Platz auf Erden beschieden sei und ihm als Aufenthaltsort nur die Höhe bliebe. Dorthin, wo der Luftschifffahrer über dem Weltengewimmel schwebt, wo er über die Maulwurfhirne und das Froschgequake lacht und er dem täglichen Kampf ums Dasein entflieht, der sich immer mehr in einen nackten Kampf ums Überleben wandelt. Als ob nicht alle Anzeichen darauf hindeuteten, dass sich der Mensch in diesen Zeiten in ein Naturwesen zurück entwickelte, das ihn bis in seine letzten Zuckungen als Sklaven seiner Instinkte ausweist. Der Mensch sinkt, wenn er einmal sinkt, immer unter das Tier.[1] Wie anders wollte man jene Reaktionen auf Bedrohungen und Krisen aller Art bewerten, mit denen sich die Menschen in allen Teilen dieser Welt an ihre Besitzstände klammern, völlig außer Acht lassend, dass ihnen alle ihre Habe schon lange genommen ist. Als ob das Dasein nicht eine heillose und bedenkliche Sache sei, sondern ein fester, ein für ewige Dauer garantierter Besitz.[2]

Hinter dem Stoff, den sich der Wanderer notgedrungen und irgendwie schief über Mund und Nase gezogen hat, geht der Atem schwer. Angst vor dem Ersticken will aufkeimen; er begegnet der Angst mit mürrischer Herablassung. Dennoch kriecht die Panik schlingernd aus ihren unsichtbaren Höhlen empor. Die Maske verwandelt das Atmen in einen stickigen Kreislauf, aus dem es kein Entrinnen gibt. Wie Gedanken, die einander selbst verzehren, weil ihnen der Äther ausgeht, um sich zu erneuern.

Fluchtartig strebt der Einsame aus der Stadt und ihrem Getümmel und lässt sie mit der düsteren Ahnung hinter sich,

---

[1] Nachgelassene Fragmente 1875, KSA 8, 137 f.

[2] Nachgelassene Fragmente 1873, KSA 7, 613.

dass diese Zivilisation aus Mangel an Ruhe in eine neue Barbarei auslaufe.[1] Doch allmählich spürt er, wie die Erschöpfung von ihm weicht. Das Getöse liegt bald hinter ihm, und die Räume in ihm scheinen sich zu weiten. Sein Geist möchte sich emporschwingen, dorthin, wo die Luft klar und dünn ist. Doch sein Körper mahnt ihn, den Weg nicht zu verlassen, den er kaum noch vor sich sieht und auf dem er fortwährend über Steine und Wurzeln stolpert. Es ist eben einmal so eingerichtet, denkt er vor sich hin, dass der Mensch nicht zweigeteilt sei. Sondern dass ihn der Körper die Freiheit des Geistes ebenso erfahren, wie den Geist die Erdenhaftigkeit des Körpers spüren lässt. «Hölderlin mag auch hierin recht behalten», murmelt er vor sich hin, «denn wer das Tiefste gedacht, liebt das Lebendigste.»[2] Die Tiefe, und nicht das Schweben über das Erdenhafte erhebt den Menschen aus dem Stadium des Wurms und bewahrt ihn zugleich vor der Dekadenz des Aristokraten mit seiner hochmütigen Verachtung des Niedrigen. Irgendwo auf dieser Distanz, die den Wurm vom Aristokraten scheidet, mag jener Punkt zu finden sein, der zu wahrem Menschsein befreit. Der geistige Mensch ist der, der das Leben ehrt.[3]

Alles ist Zeichen, denkt er und hat auf einmal das ekstatische Gefühl, einem wesentlichen Geheimnis auf der Spur zu sein. Rasch beschleunigt er seine Schritte, um vor der Dämmerung, die ihn jeder Orientierung zu berauben droht, zu Hause anzukommen. Dort, wo das Notizheft wartet, das im Kerzenschein zur Hand zu nehmen es ihn nun drängt. Dichter

---

[1] *Menschliches, Allzumenschliches* I, § 285, KSA 2, 232.
[2] Nachgelassene Fragmente 1873, KSA 7, 711.
[3] *Götzen-Dämmerung,* § 17, KSA 6, 122.

wissen sich immer zu trösten, weiß er.[1] Ein Trost, der bittere Erkenntnis mit sanfter Milde umgibt. Die Erde hat eine Haut; und diese Haut hat Krankheiten. Eine dieser Krankheiten heißt zum Beispiel: Mensch, soll er später mit fliegender Hast notieren.[2] Der Mensch ist etwas, das überwunden werden soll.[3] Ich sehe ihn in seinem wehenden Mantel stolpernd und schwankend über raschelnden Blättern dahin eilen. Während ich ihm langsam folge, sinkt seine Gestalt in die zunehmende Dunkelheit zurück.

Am Wegrand leuchtet etwas Weißes auf. Es ist eine Maske.

In der darauffolgenden Nacht hatte ich einen schweren Traum. Ich sah mich auf einem großen Platz von einer Menge umringt. Gesichtslose Masken, aus denen zornige Augenpaare blitzten. Wie auf einen geheimen Rhythmus hin setzte sich die Masse gleichzeitig in Bewegung. Schritt um Schritt kamen diese Wesen langsam auf mich zu. Immer enger schloss sich der Kreis der Maskierten. Ich fühlte, wie sich die Schlinge allmählich zuzog.

«Wo ist er?», rief die Masse wie aus einem Mund.

«Ich weiß nicht, wen ihr sucht», gab ich ängstlich zurück.

«Den, der bei dir war. Wir haben dich mit ihm gesehen.»

---

[1] *Menschliches, Allzumenschliches* I, § 33, KSA 2, 53.
[2] *Also sprach Zarathustra II, Von grossen Ereignissen*, KSA 4, 168.
[3] *Also sprach Zarathustra I, Vom Krieg und Kriegsvolke*, KSA 4, 60.

«Ich weiß nicht, von wem ihr sprecht.»

«Du weißt es. Wo ist er hin?»

«Der alte Wanderer? Weshalb sucht ihr nach ihm?»

«Er hat uns das alles eingebrockt. Er, der mit seiner lodernden Fackel selbst bei Tag umherging und behauptete, wir würden nicht erkennen, wie dunkel es um uns herum sei. Er, der uns eingeredet hat, wir seien Gefangene eines Verlieses, das wir selbst um uns errichtet hätten.»

«Aber schaut euch doch um – hatte er nicht recht?»

«Wie kannst du das behaupten? Wir können gehen, wohin wir wollen, sagen, was wir wollen ...»

«Und wozu die Masken?»

«Um uns zu schützen!»

«Wovor?»

«Vor dem, was in uns eindringen und uns verändern will. Wir wollen unser altes, unser normales Leben wieder zurück!»

«Aber was ist daran erstrebenswert?»

« Schweig!», brüllte die Masse im Chor. Einer in der ersten Reihe schwang bereits eine grobe Keule. «Du bist sein Schatten! Wo ist er also?»

Noch bevor die Keule auf mich niedersausen konnte, erwachte ich in großer innerer Zerrüttung. Das ist es also, dachte ich: Die Fackel muss ausgelöscht, das Wort zum Verstummen gebracht werden. Die Maskierten schützen sich davor wie vor einem gefährlichen Virus, das in sie eindringen und zerstören will. Sie glauben, ihr Leben zu verlängern, doch am Ende ersticken sie am eigenen Atem. Man müsste ihnen die Masken vom Gesicht reißen, ging es mir durch den Kopf. Doch bald fiel ich abermals in einen unruhigen, fiebrigen Schlaf.

Als ich im Morgengrauen erwachte und das Bett verlassen wollte, suchte ich nach der Maske des Wanderers, die ich zuletzt auf den Nachttisch gelegt hatte. Sie war verschwunden. Und sie blieb es. Für immer.

Der unfreie Wille ist Mythologie

(JGB 21; 5, 36)

Kristina Schippling

Die Kräfte des Dionysischen – Nietzsche lesen in pandemischer Zeit

In Zeiten der Corona-Epidemie sieht sich die menschliche Lebensform mit neuen Extremen konfrontiert, werden Menschen vor ungeahnte Herausforderungen gestellt. Auf der einen Seite begegnet der Mensch der Epidemie mit immer neuen Bestimmungen und Bedingungen, welche die Verletzlichkeit und Verwundbarkeit des Lebens deutlich hervorscheinen lassen. Auf der anderen Seite werden Kräfte im Menschen sichtbar, die dem eines gefangenen Tieres gleichen, das unruhig hin- und herläuft hinter den Gitterstäben, jede Vernunft vergessend, bereit ist zum Sprung. Das Zähmen der vermeintlichen «blonden Bestie» Nietzsches erscheint in diesen Tagen als hauptsächliche gesellschaftliche Aufgabe.[1] Nur allzu deutlich werden die elementaren Bedürfnisse der «Raubtiere» laut (ebd.), endlich frei zu atmen, endlich ihr Revier sich zurückerobern zu dürfen, ohne Rücksicht auf Verluste. Moralisch sein, die Schutzvorkehrungen einzuhalten, Masken zu tragen, auch an andere, gesundheitlich Gefährdetere zu denken, das liegt diesen Charakteren nicht.

Das Apollinische Prinzip der Klarheit, der Moral und Ordnung, das sich im Licht des Geistes bewegt und seinen Appell deutlich an die Zivilisiertheit und Sittlichkeit, aber auch an die Empathie mit «Schwächeren» und die Fürsorge von Kranken richtet, steht heutzutage dem animalischen, wilden,

---

[1] Friedrich Nietzsche, *Zur Genealogie der Moral. Eine Streitschrift*, I, A 11, KSA 5, 274-277.

dionysischen Prinzip, das den Urquell der Lebensenergie verkörpert, gegenüber. Schnell wird es nur auf den eigenen Lustgewinn reduziert, ist es doch aber als Lebenskraft, die sich sowohl schöpferisch als auch zerstörerisch auswirken kann, zu verstehen. Es hat die eigene Freiheit vor Augen – deutlicher als je zuvor in der Situation der Pandemie. Das Abnehmen der Maske kann inzwischen Leben kosten. Eine allzu leichtsinnige Handhabung der erforderlichen Schutzmaßnahmen aufgrund von Lust und Freiheitsdrang ist manch einem vollkommen rätselhaft, einem anderen, nach seinen Urinstinkten handelnd, das dringlichste Bedürfnis. Die Verschiedenheit menschlicher Charaktere, das Abnehmen der gesellschaftlichen Maske könnten nicht stärker zutage treten als in dieser Zeit.

Die gesellschaftliche Person ist inzwischen so stark an das Tragen der Maske geknüpft, dass sie ihrem Wortursprung alle Ehre machen kann – Das antike Wort «*Persona*» bedeutet bekanntlich Maske. Die Metapher ist pure Wirklichkeit geworden: Der Mensch setzt sich eine Maske auf, wenn er in die Gesellschaft eintreten will. Nicht nur die Schauspieler im klassischen antiken Theater tragen eine Maske, jeder hat sich nun der Maske zu unterwerfen und ein freies Gesicht ist in diesen Zeiten von vornherein ein wenig fragwürdig geworden. So wie der Mensch sich an das Bekleiden gewöhnt hat, gewöhnt er sich nun langsam an die Bekleidung und Verhüllung seines Gesichts. Man denkt augenblicklich an den Soziologen Erving Goffman.[1] Das gesellschaftliche Maskenspiel floriert. Wildere Naturen, denen die Gesundheit anderer gleichgültig ist oder die

---

[1] Erving Goffman, *Wir alle spielen Theater. Die Selbstdarstellung im Alltag*, Übersetzt von Peter Weber-Schäfer, 10. Auflage, München, Piper, 2003.

hinter Corona Verschwörungsmythen vermuten, werden tendenziell sanktioniert oder sogar aus der Gesellschaft ausgegrenzt. Nietzsche hat diesen animalischen Trieb eines instinkthaften Selbst fernab jeglicher Vernunft und Zivilisation wie kein anderer zu formulieren vermocht, über die Triebnatur philosophiert und hat diese Charaktere sogar idealisiert, was ihn bis heute als spannenden, aber auch kontroversen, vieldiskutierten Denker erscheinen lässt. Möglicherweise verbirgt sich seine eigene Sehnsucht nach einer starken Gesundheit dahinter, sein eigener Wunsch, eine kraftvolle, menschliche Natur zu sein, kein bettlägeriger, kränkelnder Geist voller Gebrechen und Nöte. Dennoch hat er die Verschiedenheit der menschlichen Charaktere zu zeichnen gewusst, hat unzählige Typen an Menschen entworfen – Herren- und Sklavenmensch, letzter Mensch, Brückenmensch vielleicht auch erster Mensch, der noch nicht gekommen ist – die vor allem die Unterschiede des Menschseins in den Blick nehmen und die Gemeinsamkeiten verschwimmen lassen. Ebenso werden gerade in der Pandemie die unterschiedlichen Einstellungen zu Schutzvorkehrungen und Handhabungen des Umgangs mit dem Virus deutlich. Dass die Zivilisiertheit zu kippen droht und manche «über dem Abgrund» wortwörtlich in den Clubs, auf Konzerten und in den Bars «tanzen»[1], wie auch der Titel von Stefan Zweigs Nietzsche-Biografie in Rückbezug auf den großen Denker lautet, wird überall inzwischen spürbar. Wie gehen wir mit diesen Befreiungsschlägen um? Sollen wir

---

[1] Stefan Zweig, *Friedrich Nietzsche – Der Tanz über dem Abgrund. Eine Biografie*, Göttingen, 2020, Erstdruck unter dem Titel: *Friedrich Nietzsche*, in: *Der Kampf mit dem Dämon. Hölderlin, Kleist, Nietzsche*, Leipzig, Insel-Verlag, 1925.

Mitgefühl und Toleranz mit dem nicht Mitfühlenden, Rücksichtslosen zeigen, der blind ist für Schwächere, für andere Lebensumstände? Wohl kaum. Der Tolerante kann nicht gegenüber dem Intoleranten tolerant sein. Dies führt das Prinzip ad absurdum, da es in die Akzeptanz der Intoleranz mündet. Wie können wir wieder Brücken schlagen, Gemeinsamkeiten finden?

Gerade sein wucherndes, ungestümes Denken, das sich keiner Klarheit und Ordnung mehr unterziehen kann, macht Nietzsche zu einem Vorreiter der Postmoderne, die Zerrissenheit, das nicht mehr zu Vereinende lassen seine Texte für die nachfolgende Zeit als zentral erscheinen. Doch was kann uns Nietzsche in Zeiten von Corona mit auf den Weg geben? Zunächst einmal ist seine Philosophie über das Motiv der Maske außergewöhnlich und erkenntnisreich. So zeigt sich im Maskenspiel bei Nietzsche, dass gerade mit dem Abnehmen der Maske keine einheitliche Identität zutage tritt, vielmehr pluralisiert sich die Maske, jedes Dahinter wird zu einer neuen Verkleidung, und die Maske wird zum Eigentlichen postmodernen Ich. Für Nietzsche gibt es kein einheitliches Dahinter mehr. Er selbst philosophiert in Masken und Versteckspielen. Vielmehr sind die Einheitlichkeit, die Einsicht, das Vernünftige und Moralische gesellschaftliche Masken, die es als solche zu entlarven gilt. Nietzsche formuliert aus diesen Gründen keine neue Moral, sondern eine Moralkritik, welche die bestehende Moral als eine historische Figur entlarvt und somit den Blick auf eine anders zu denkende Geschichtsschreibung und somit auch andere Moralvorstellungen oder sogar Vorstellungen jenseits von Gut und Böse, fernab aller Moral freiwerden lässt. Das Entlarven von gesellschaftlichen Konstruktionen aufgrund des Verweises auf ihre Historizität hat Michel Foucault von Nietzsche übernommen, auch das genealogische Verfahren.

So lautet ein bekannter Ausspruch Nietzsches: «Alles, was tief ist, liebt die Maske».[1] Den Wechsel der Identitäten, das Verstecken hinter verschiedenen und sogar widersprüchlichen Ansichten, die Flexibilität und vielleicht auch das Aufbrechen der Konstruktion des Selbst und die somit einhergehende Tiefe waren Nietzsche durchaus bewusst. Eine ausführliche Untersuchung zum Motiv der Maske in Hinsicht auf die Frage der Identität bei Nietzsche bietet zum Beispiel auch Corinna Schubert:

> Dem bereits angedeuteten Verzicht auf das Konzept einer einheitsstiftenden Instanz hinter den Masken – nenne man sie nun Seele, Subjekt, Maskenträger oder Rollenspieler – scheint indes ein spezifisches Moment im Denken Nietzsches zu korrelieren. Es kann beschrieben werden als radikale Distanzierung von der Denkfigur der Einheit, die als Autorität des Einen wirkt und äußert sich demgegenüber in einer folgenreichen Reorganisation des Denkens als Prozessualität, Wandel und Vielheit. Denn die Vorstellung von der ›Einheit‹ einer Sache ist die Vorstellung ihrer Identität mit sich selbst.[2]

Nur allzu deutlich klingt hier die Postmoderne an, denn gerade das Eine ist für Adorno das Falsche in kritischem Rückbezug auf Hegel. Diese konstruierte, fragile Einheit weiß auch Nietzsche schon zu entlarven als ein anerzogenes, aufgesetztes Rollenspiel, das dem Menschen nicht natürlich

---

[1] Friedrich Nietzsche, *Jenseits von Gut und Böse. Vorspiel einer Philosophie der Zukunft*. A 40, KSA 5, 57f.

[2] Corinna Schubert, *Masken denken – in Masken denken. Figur und Fiktion bei Friedrich Nietzsche*, Transcript, Bielefeld, 2020, S. 15.

gegeben ist. Die Kluft zwischen einer einheitlich vorgestellten sinnhaften und vernünftigen Identität und einer sich selbst nicht ganz begreifenden, bedürftigen und verworrenen Existenz, die vor ihrem eigenen Schatten zurückweicht, könnte gerade deutlicher nicht hervorscheinen. Das Subjekt erweist sich letztendlich als eine fragile, über die Jahre mühsam durch Praktiken eintrainierte Konstruktion und eben nicht als eine hinter den Masken unverrückbare, naturgegebene Einheit, wie auch später Foucault aufzeigen kann.

Maske tragen ist eben nicht einfach nur Maske tragen, es überlagern sich die Bedeutungen und Assoziationen mit der täglichen Praxis von Schutzvorkehrungen. Von der abwertenden Bedeutung des Tragens einer Maske im Sinne eines unmoralischen Täuschungsversuchs ausgehend, sind wir nun bei einer moralischen Handlung zur Erhaltung von Gesundheit und Leben angekommen, die kantischer nicht sein könnte: Einer «echten» moralischen Handlung, da sie entgegen der eigenen Neigung zum allgemeingültigen Gesetz aller werden könnte. Insofern erschüttern die Widerstände gegen die Schutzvorkehrungen das zivilisierte Miteinander, lassen Vorstellungen anarchischer Zustände wachwerden, erinnern an kollektive traumatische Ausnahmesituationen und zeigen die Zerbrechlichkeit von einem Miteinander in Toleranz, Mitgefühl und Empathie auf. Nicht nur die Gesundheit des Einzelnen, sondern auch das Vertrauen in das gesellschaftliche Miteinander, in moralisches Handeln, christliche Werte der Nächstenliebe sind erschüttert, ein unverstellter Blick auf ihre Fragilität ist uns zuteil geworden. So kochen die Gefühle hoch, Erfahrungen von Leid, Tod und Krankheit zeichnen sich ins kollektive Bewusstsein ein, die Verschiedenheit der menschlichen Charaktere scheint im Verhalten zu den angeordneten Maßnahmen hervor. Wir können die Lehre daraus ziehen, endgültig den Fortschrittsglauben loszulassen, wie es Nietzsche auch propagierte, Gesundheit und friedliches Miteinander sowie unsere moralischen Werte nicht als selbstverständlich zu nehmen, uns der dionysischen Kräfte eines jeden von uns bewusst zu sein, sind sie bei dem einen Typus Mensch gegen sich selbst gerichtet, wie Nietzsche deutlich erkannte, bei dem anderen Typus Mensch gegen die Mitmenschen. Aber diese Kräfte sind da, sie sind zerstörerisch und schöpferisch zugleich und sie zu unterdrücken oder zu ignorieren, sie gesellschaftlich zu tabuisieren, bringt nicht das gewünschte Ergebnis einer zivilisierten Kultur. Dass Zivilisation auch schnell in Barbarei umschlagen kann, den Menschen noch weiter zurückwirft, als es in seinem Naturzustand möglich gewesen wäre, wusste auch Adorno. Wir sehen uns also der Herausforderung gegenüber, mit dem Dionysischen in uns umgehen zu lernen, ihm freundlich entgegenzutreten in seiner unbändigen Kraft. Verbote und Unterdrückung sind nicht die Sprache, die das Tier in uns zu begreifen vermag. Aus dem Apollinischen kommend, gilt es also, einen Weg zum inneren Tier zu finden, seine schöpferische Kraft zu kanalisieren, behutsam mit dieser zu arbeiten, so dass das Zerstörerische in der Unterdrückung und im Befehlston nicht mehr um sich schlagen kann, sich nicht mehr freikämpfen muss, da ihm schon eine gewisse Freiheit zugestanden wird. Diese Forderung, einen Weg der Annahme und Akzeptanz unserer dionysischen Tiergestalt zu gehen, des Respekts für das Feuer in uns, kann nur als ein neues Ideal verstanden werden, das dem asketischen Ideal (welches nach Nietzsche in Ermangelung eines Anderen so viel Zuspruch gefunden hat) eine neue Alternative zu bieten vermag. Das Tier in uns soll leben, lautet also das neue Ideal. Ihm in die Augen zu schauen, ihm Raum zu geben, es so anzunehmen, wie es ist, und seine Kräfte zu nutzen wissen, anstatt es wegzusperren und zu unterdrücken, bis es in seiner Wut alles zerstört – ist der einzige, sinnvolle Weg. Und sicher lässt sich viel vom Dionysischen in uns lernen. Es kann uns beleben, befreien, wenn wir ihm liebevoll entgegentreten. Es gilt, die Lebenskraft geschickt zu kanalisieren, dem Leben zu lauschen, nicht es zu verurteilen. Wir brauchen die Oasen des Dionysischen, wollen wir die apollinische Wüstenlandschaft in pandemischen Zeiten erhalten und uns nicht von der Bestie Mensch ganz verschlingen lassen.

Die Forderung nach der Akzeptanz der animalischen Lebenskraft als eines neuen Ideals schließt an die ursprüngliche Vorstellung beider Prinzipien, beider Gottheiten an: Die griechische Antike wie auch Nietzsche wussten schon vom gemeinsamen Ursprung beider Gottheiten, beider entgegengesetzter Aspekte. Diese Gottheiten waren wesentlich vielschichtiger, als sie heute oftmals zu verknappt und fälschlich dargestellt werden. Die Schwarz-Weiß-Sicht findet sich als derzeitige Projektion und erweist sich als eine fälschliche Annahme bei näherem Hinsehen: Der berühmte Tempel in Delphi mit dem bekannten Orakel und dem ewig brennenden Feuer war zwar ein Apollontempel. Dennoch war er auch der Tempel des Dionysos. So war ein Tympanon dem Gott Apoll gewidmet, das andere Tympanon dem Dionysos. Beide Gottheiten wurden zu unterschiedlichen Jahreszeiten jeweils gefeiert. Auch eine Grablege des Dionysos in jenem Tempel ist überliefert. Was aus heutiger Sicht widersprüchlich erscheint, ist für alte Kulturen keine Ausnahme, bedenkt man auch alte weibliche Gottheiten wie beispielweise Hekate,[1] die als eine der ältesten Repräsentantinnen der dreifachen Göttin (also der Heranwachsenden, der Mutter und der alten Weisen) gelten kann und sowohl als Geburts- wie auch als Todesgöttin verehrt wurde. Apoll und Dionysos sind demnach nicht einfach als vorchristliche Prinzipien von positiven und negativen Gegensätzen zu verstehen, sie bleiben Polaritäten, die sich gegenseitig bedingen, ständig korrespondieren. Beide Götter als Söhne des Zeus haben ihre tradierten Mythen, die zeigen, wie vielschichtig sie sind: Es ist Apoll, der den Marsyas bei lebendigem Leibe häuten lässt, weil er sich von ihm in seiner Eitelkeit gekränkt fühlt; und es ist der dionysische Pan, der die Naturidylle und das glückselige Träumen mit seiner Flöte herbeizaubert. Auch Moral und Vernunft können sich irren, können grausam sein, ohne den dionysischen Bruder der Lebenskraft.

Nietzsche hat sich vor allem für die menschlichen Projektionen in diesen Figuren interessiert und wusste von ihrer Komplexität. Von dieser Korrespondenz beider Prinzipien, von der Vielschichtigkeit dieser alten Götter, lässt sich für aktuelle Ereignisse viel lernen: In dem Sinne, dass es wichtig ist, die jeweilige andere Seite zu verstehen, dass wir von dem dogmatischen Schwarz-Weiß-Denken Abstand gewinnen müssen, das schnelle Verurteilen loslassen sollten und dass wir in diesen pandemischen Zeiten nicht gegeneinander und den

[1] Andrea Dechant-Schmid, *Hekate – Griechische pre-olympische Göttin der Wegkreuzungen, Schwellen und Übergänge, der Verwandlung, der Zauberkunst und Magie*, 23.06.2008, in: *Artedea*. Online abrufbar unter: https://artedea.net/hekate/ Abgerufen am 19.09.2021.

anderen ausschließend handeln, sondern versuchen sollten, ins Gespräch zu kommen, wieder zu vereinen in gegenseitiger Akzeptanz trotz aller Widersprüchlichkeiten. Natürlich ist dies eine Herausforderung. Der *Bestia* freundlich entgegenzutreten, ohne sie zu bekämpfen oder sie zu verleugnen, mit ihr zu sein, die Zügel locker in der Hand zu halten, ihr in Maßen den Freilauf zu gewähren, mit Nietzsche ihr schöpferisches Potential zu erkennen und zu nutzen, ist unsere Aufgabe. Und gerade von dem Tier in uns können wir viel lernen, denn es ist die Vernunft des Leibes («dein Leib und seine große Vernunft»), die aus ihm spricht.[1] Nietzsche lädt uns ein, auf unseren Leib zu hören, seine ihm eigene Vernunft zu achten und die «kleine Vernunft», unsere Moral, die für Nietzsche nur «ein Etwas am Leibe» ist (ebd.), auch als solche zu begreifen – einem dogmatischen Denken von klischeehaften positiven und negativen Gegensätzen – von Schwarz oder Weiß keinen Raum mehr zu geben, sondern der Weisheit der Natur in uns und um uns zu lauschen. Dies soll nicht heißen, die Schutzvorkehrungen in Zeiten der Pandemie aufzugeben, aber ein Verständnis für Lebenslust und Lebendigkeit aufzubringen und wieder in den Diskurs zu treten, im Gespräch zu bleiben, nach neuen Möglichkeiten und Lösungen zu suchen, wieder zusammenzufinden trotz aller Bedenken und Widersprüche, einen Schritt auf den Andersdenkenden zuzugehen, das ließe sich aus der Nietzsche-Lektüre lernen.

---

[1] Friedrich Nietzsche, *Zarathustra I, Von den Verächtern des Leibes,* KSA 4, 39-41.

Maskiertes Maskottchen

Wahrlich, ihr könntet gar keine bessere Maske tragen,

ihr Gegenwärtigen,

als euer eignes Gesicht ist!

(ZA II, 14; 4, 153)

Christina Barbara Kiehs-Glos

Also sprach Covidastrus: In Virus Veritas

Wir freien, global occident- und orient-ierten, veritablen Mutanten – präerotisch vagabundierend Jenseits von Gut und Böse, wähnen wir immer zu Hause zu sein. Eines Tages erreichen wir unser Ziel – und weisen nunmehr mit Stolz darauf hin, was für lange Reisen wir schon gemacht haben und noch machen werden. In Wahrheit merken wir nicht, dass wir reisen. Philosophisch ahnungslos, arglos schlüpfen wir durch Filter und Membranen, Dichtungen durchbrechend: dicht, dichter aneinander, negieren wir jede Abdichtung. Was ist Dichtung? Was ist Wahrheit? Wir kommen aber so weit dadurch, dass wir an jeder Stelle wähnen, zu Hause zu sein. Unsterblichkeit in luftigen Röhren, bronchialen Ästen, in physischen, nicht metaphysischen Räumen ohne Licht und Sauerstoff, ist uns Lust und Weh zugleich. Uns verlangt es nicht nach dem Willen zur Macht, dem Hyperprotein. Wir sind nicht verliebt in Superlative. Seien wir Idealisten! Dies ist – wenn nicht das Klügste, so doch das Weiseste: Wandeln wir über Wolken, reisen wir mit Jumbo-Jets in der *Air Condition*, haranguieren wir das Unendliche ... Sursum! Bumbum!

Uns Wanderern mit schaurigen Schatten auf Röntgenbildern zeigen unsere Gedanken – wir Querdenker - wo wir stehen. Aber sie sollen uns nicht verraten, wohin wir gehen. Das ist kein philosophischer Eskapismus. Wir tanzen durch und über WLAN-Netze, wir spotten eurer Untererfassung, Untersicherheit, unstrukturierten Überwachungsstrategie, wir kryptischen, zoroastrischen Seiltänzer. Wir fürchten keinen Abgrund. Wir lieben das kryptische Sein, die verborgene Wahrheit. Wir Alphas, Betas ... mit Zweien beginnt die Wahrheit ... wir Deltas, Lambdas, freigeistig metamorphosierend ... was wird folgen auf Omega? Virales-ALLZUvirales? -

«Homo Sapiens! Menschendämmerer! Wird sie euch dämmern, die neue Morgenröthe: das weltumspannende Omega? – Ihr maskierten Maskottchen, ihr ängstlich verhüllten Universalmenschen, asketischen Veggies, ihr selbstzufriedenen Nivellierer, post-apollinischen, antidionysischen AlgoRhythmiker, komatösen Immunschwächler, ihr kurzohrig-angsthäsigen Nihilismusfallengänger! Wann wird sie euch dämmern, die veritable virale Apokalypse? - - - »

Seien wir Idealisten! … …

Wandeln wir über Wolken, haranguiren wir das Unendliche

… … Sursum! Bumbum! –

(WA 6; 6, 25)

Marianne Haubold und Jörg Haubold

Cholera und TBC
Pandemieerfahrungen einer bürgerlichen Familie des 19. Jahrhunderts

Ein Familienüberblick:

Die Geschichte der Familie um den Altphilologen und Studienfreund Friedrich Nietzsches Prof. Dr. Erwin Rohde ist weitgehend bekannt und aufgearbeitet[1]. Was aber immer wieder in Vergessenheit gerät, sind die gesundheitlichen Aspekte, unter denen die Menschen des 19. Jahrhunderts lebten, und die auch die Familie Rohde betraf.

Adolph Rohde, ein jüngerer Bruder Erwins, starb mit 22 Jahren an der Cholera, seine Schwester Anna überlebte die Seuche nur knapp. Eine Generation später infizierte sich Erwins eigene gesamte Familie mit der Tuberkulose. Er selbst starb bereits im Alter von 52 Jahren an Herzversagen, im gleichen Alter wie sein eigener Vater. Sie hatten also wenig Zeit für ihre enormen Lebensleistungen, wussten das wohl auch und arbeiteten deshalb wie die «Berserker».

Jörg Haubold

Genaueres berichten wir im Folgenden.

---

[1] Erwin Rohde, *Briefe aus dem Nachlass*, Hrsg. Marianne Haubold, Bd. 1-3, Hildesheim, Zürich, New York, 2015-2017; Bd. 4 demnächst; Hier zitiert als: RBr mit Bandzahl und Seitenangabe.

Cholera in der Familie Rohde

Von Adolph Rohde, geboren 1850, wüßte man heute nichts mehr, hätte nicht die besorgte Mutter den fünf Jahre älteren Bruder Erwin mehrmals um Fürsorge für den jungen «Tunichtgut» (RBr.1.92.34) gebeten und Erwins Briefe aufgehoben. Unser Wissen stammt aus diesen Briefen.

Dennoch ist das, was wir über Adolph erfahren können, nicht viel: er wurde in einer Familienchronik als «reizender Junge»[1] geschildert, wuchs behütet in Hamburg auf. Er war 16 Jahre alt, als der Vater starb. Bei seiner Ausbildung zum Ingenieur traten erste Schwierigkeiten auf, das Polytechnikum in Zürich, wo er sein Studium begann, musste er abbrechen, das Polytechnikum in Hannover fluchtartig wegen Schulden verlassen. In den Briefen Erwins an die Mutter ist «von den traurigen Folgen des Biertrinkens» (Rbr1.38.9), von Schmissen – l«rapierzerhackt» (RBr1.80.73) – in einer schlagenden Verbindung die Rede, in Hannover schliesslich von offensichtlich gefährlichen Schulden (RBr1.92). Aber auch von «Niedergedrücktheit», «Apathie und Schlaffheit» (RBr1.38.8/10), und, Nietzsche gegenüber, dass der Bruder «ohne Energie» (RBr1.80.73) sei. In Neu-Münster (Schleswig-Holstein) konnte er dann seine Ausbildung abschließen. Er bekam, unter der Leitung seines Schwagers Alfred Brandt die erste Stelle als Ingenieur beim Bahnbau in Ungarn. Dort starb er, kurz vor Weihnachten 1872, «in wenigen Stunden an der Cholera» (RBr2.37.35f).

[1] Hedwig Däuble, *Familiengeschichte Schleiden-Rohde,* Privatdruck, 1988, S.176.

Anlässlich ihres Geburtstags im Mai 1873 versuchte Erwin seine Mutter über den Verlust des jüngsten Kindes zu trösten, sie solle sich doch trotz der «Erinnerung an so viel entschwundenes Glück und zerrissene Hoffnung» an all das halten, was geblieben sei. (RBr2.48.35/39)

Noch im gleichen Monat schien sich das Unglück in der Familie zu wiederholen: Auch Anna, die Schwester von Erwin und Adolph, Frau des den Bahnbau leitenden Ingenieurs Alfred Brandt, erkrankte an der Cholera (s. RBr2.52). Ein Freund gibt in seinem Nachruf auf Brandt dessen Schilderung des Unglücks wieder:

> Brandt hat mir selbst wiederholt von diesem Aufenthalt erzählt, der für ihn eine wahre Probezeit auf seine Entsagungsfähigkeit gegenüber den Ansprüchen auf ein menschenwürdiges Dasein in sich schloss. Ganz besonders schwer traf ihn aber unter diesen Umständen der Ausbruch der Cholera, von der auch seine junge Frau so schwer betroffen wurde, dass er schon alle Hoffnung, sie sich am Leben zu erhalten, aufgegeben hatte; nur eine Flasche schweren ungarischen Rotweines, zu der er in seiner Verzweiflung griff, brachte eine Wendung zum Besseren und erhielt ihm sein so junges Eheglück.[1]

Die Cholera war nicht direkt ansteckend. Die Ursache des Seuchen-ausbruches lag in den offenbar besonders schwierigen und unhygienischen Verhältnissen vor Ort beim Bahnbau, vor allem an der schlechten Qualität des Wassers. Die Krankheit trat dramatisch auf als plötzliche, schnelle und meist tödliche Katastrophe.

---

[1] H. Himmelheber, Alfred Brandt, in: *Die Literarische Gesellschaft*, Heft 7-8,Hamburg, 1918.

Anders war es bei der Tuberkulose, die langsam, schleichend und lange unerkannt daherkam.

Marianne Haubold

TBC in der Familie von Erwin Rohde

Die Rahmenbedingungen, unter denen Erwin Rohde seine bewunderungswürdige Lebensleistung erbringen konnte, waren komfortabel. Er wurde 1845 in Hamburg in einen Arzthaushalt geboren, der es ihm später erlaubte, nach seiner Neigung zu studieren, zu reisen, Freundschaften zu pflegen. Er konnte später auch eine eigene Familie gründen, sie erhalten und sich im bürgerlichen Rahmen frei bewegen.

In seiner Studienzeit führte und gewann Preußen drei Kriege (1864, 1866, 1870), an denen er, seiner Abneigung folgend, nicht teilnehmen musste, sich auch erkennbar von den jeweils folgenden Siegeseuphorien unabhängig halten konnte.

Deutschland entwickelte sich ab 1850 zum Industrieland mit spürbarer Technik- und Militärlastigkeit. Aber die Wertschätzung seines Faches (der Altphilologie) blieb, so dass er eine geschätzte und erfolgreiche Berufskarriere als Dozent und Hochschulprofessor an verschiedenen deutschen Universitäten durchleben konnte.

Die Bedrohung seines und seiner Familie Leben kam aus einer anderen, zunächst nicht erwarteten, Richtung.

Im Laufe des 19. Jahrhunderts hatte sich die Tuberkulose, zunächst in den überbesiedelten Arbeitervierteln der Industriestädte, aber dann auch im bürgerlichen Milieu, zu einer Pandemie entwickelt, die grausam, lebensbedrohlich und unheilbar war. Man kannte weder die Ursachen genau, noch hatte man Heilmittel dagegen. Meist befiel diese Krankheit zunächst die Atmungsorgane, speziell die Lungen der Menschen, breitete sich dann aber auch über den ganzen Körper aus.

Die Zerstörung der Lebenskraft, das häufige Fieber und das Bewusstsein des unvermeidlichen Endes beschäftigten die Gesellschaft sehr und wurden vielfach in der Literatur beschrieben. (z.B. Mimi in der Kamelien Dame, Lewin in Anna Karenina, Figuren in den Erzählungen der Geschwister Brontë u.a.)

1888 identifizierte und beschrieb Robert Koch dann einen Erreger: ein Bakterium; aber Heilmittel gab es damit bis zur Erfindung der ersten Antibiotika um 1943 noch lange nicht.

Auch in Erwin Rohdes Familie nistete sich die Tuberkulose ein. Sein jüngster Sohn Adolph starb 1896, ein Jahr alt, was Erwin fast das Herz brach, und sein ältester Sohn, Erwin jun., starb 1915 mit 34 Jahren, nachdem sich die einst verkapselte Infektion durch die Belastungen des ersten Weltkrieges (1914 bis 1918) wieder aktiviert hatte. Seine beiden Töchter, Bertha und Anna, infizierten sich ebenfalls. Bertha starb mit 20 Jahren, kurz nach ihrer Hochzeit. Anna erreichte ihr 70tes Lebensjahr.

Auch Erwin Rohde, dem Vater selbst, war keine lange Lebenszeit gegönnt. 1898, nach Vollendung seines Hauptwerkes, (*Psyche. Seelencult und Unsterb-lichkeitsglauben der Griechen*)[1] verstarb er nach einem arbeitsintensiven Leben, in dessen zweiter Hälfte er sich mit vielfachen Beschwerden,

[1] Die 2. Auflage im Jahr 1898 hat Rohde, der am 11. Januar starb, nicht mehr erlebt. (Wir danken Frank Bestebreurtje für diese Angabe.)

vor allem am Herzen, hatte herumschlagen müssen. Die Diagnose «Angina Pectoris» ist überliefert. Aber, der Zeit gemäß, wurde diese natürlich nicht in nachprüfbarem Sinn diagnostiziert.
So verstarb er mit 52 Jahren, in einem Alter, in dem man heute noch nicht einmal als rentenberechtigt gilt. Um so bewunderungswürdiger ist sein Werk.

Jörg Haubold

Epilog

Die Frage nach der Wirkung des fast völligen, pandemiebedingten, Verlöschens einer Familie auf folgende Generationen kann kaum beantwortet werden.
Jörg Haubold und Marianne Haubold gehören der zweiten Generation nach Rohde an - oder der dritten, wenn man bei Erwin Rohde sen. ansetzt.
Der Blick zurück machte jedenfalls dankbar und froh über ein Leben ohne Cholera, TBC und Krieg.

Marianne Haubold, 2021

Mein Bildungsleben begann 1944 in einer bayrischen Volksschule mit Strammstehen und dem Ruf «Heilittler! Wie GEWINNEN den Krieg!» Wir glaubten, was uns unsere Lehrer sagten. Als danach alles in Trümmern lag, die Ehe der Eltern zerbrochen war, wir unseren Weg durch moralisches und politisches Chaos suchen mussten, blieb nicht viel Anderes als Überleben. Das gelang, und heute genieße ich das Rest-Leben, betätige mich als «ewiger Student», und danke meinem Schöpfer für die Zeit, die er mir noch gibt.

Jörg Haubold, 2021

Das Leben ist kein Argument;

unter den Bedingungen des Lebens könnte ein Irrthum sein.

(FW 121; 3, 478)

Martin Kunz

Notizen eines Tagebuchs

1

Januar 2020.

> Wir nehmen nebenbei zur Kenntnis, dass im fernen China, in der Stadt Wuhan, eine merkwürdige Krankheit entstanden sei. Irgendwie übertragen durch Fledermäuse oder so. Zum Glück alles weit weg.[1]

Dies mein Notat, rückblickend, als ich am 21. März 2020 mit dem Schreiben eines Tagebuches begann.

Im Februar verkündeten die meisten Virologen, das Coronavirus sei nicht gefährlicher als die Grippe. Man könne weiterhin *relaxed i*n den Süden reisen. Am 28. Februar stufte der Schweizer Bundesrat die Situation als *besondere Lage* ein. Am 16. März als *ausserordentliche.* Alle Läden, Restaurants, Bars, Kultur- und Freizeitinstitutionen mussten schliessen. Auch unser Atelier für Kunst und Philosophie in Zürich.

Und als älterer Mensch sollte ich zu Hause bleiben. Ich, der ich noch nie eine fiebrige Grippe hatte und mich gesund fühle, bin unversehens ein Gefährdeter.

Ich empfange keine Künstler- und Philosophenfreunde mehr. Mit meiner jungen Herzensfreundin treffe ich mich bis auf Weiteres nicht mehr analog. Die digitalen Begegnungsvarianten gewinnen eine neue Bedeutung.

---

[1] Martin Kunz. *Alltag. Philosophische und andere Notizen in einem merkwürdigen Jahr*, Wien, 2021, S. 13.

Ich habe Zeit. Mehr noch als bisher. Zeit zu haben war schon immer mein Gegenprojekt zu den Hamsterradzwängen, in die wir uns freiwillig begeben. Jetzt könnte ich eigentlich mit dem Schreiben des geplanten Buches beginnen, in dem ich die Romantik als progressive Bewegung thematisieren will, was zwar auch nicht mehr sehr originell ist. Aber ich mag nicht.
Ich lese viel. Zunächst nicht Nietzsche. Am Auffahrtstag (21. Mai) kommt er mir aber in den Sinn: Wie er als 9jähriger von Händels *Hallelujah* fasziniert gewesen war. Er schrieb später dazu:

> Mir war, als sollte ich mit einstimmen, deuchte mir doch, es sei der Jubelgesang der Engel, unter dessen Brausen Jesus Christus gen Himmel fahre.[1]

2

Ein Freund sagte mir kürzlich, unterdessen sei ihm Gott noch ganz abhandengekommen. Jetzt könnte man an den nicht mehr kindlichen Nietzsche denken.

Wenn wir jeden metaphysischen Standpunkt aufgegeben haben, von wo her sollen wir noch hinschauen auf das, was der Fall ist? Von wechselnden Positionen her. Dass es nur ein perspektivisches Sehen gibt, hat uns schon Leibniz zu zeigen versucht:

> Und wie eine und dieselbe Stadt, von verschiedenen Seiten betrachtet, jeweils ganz anders erscheint, wie sie gleichsam perspektivisch vervielfältigt ist, so kommt es [...], dass es gleichsam

[1] Friedrich Nietzsche, *Werke* in drei Bänden, herausgegeben von Karl Schlechta, München, 1954, Bd. 3, S. 27.

> ebenso viele Universen gibt, die jedoch nur die Perspektiven eines einzigen Universums [...] sind.[1]

Nietzsche radikalisierte diesen Relativismus, indem er das «Perspektivische die Grundbedingung alles Lebens» nannte.[2]

Wie, wenn die verbissenen Krisenkommentatoren, die so genau zu wissen glauben, wo der Hase im Coronapfeffer liegt, dies beherzigten?

Die Widersprüche aushalten. Also uns. Das hätte etwas mit «Geist» zu tun.

3

Das Thema «Geist», das mich immer wieder beschäftigt.
Wussten wir einst eher, was er ist, als er noch heilig war?
Als noch keine Flachdenker lehrten, dass er «nichts ist als ... »?
Ahnen wir nicht trotzdem noch, dass etwas ganz anderes in unser Denken und Leben hineinwehen sollte?

Nietzsche hob ihn, den «freien Geist» – auch ohne Windmetaphorik ab von Verstand und Vernunft. Brillant fasste Werner Stegmaier an der diesjährigen Nietzsche Werkstatt in Sils-Maria zusammen, was Geist über alle Denkkapazitäten hinaus ist: souveräne Orientierung. Was wäre souveräne Orientierung? Bewegliches Denken, Denkalternativen zulassen, sich vor Ismen hüten, die Fragezeichen nicht zu rasch in

---

[1] Georg Wilhelm Leibniz, *Die Hauptwerke. Monadologie*. Zusammengefasst und übertragen von Gerhard Krüger, Stuttgart, 1967, S. 143.
[2] Friedrich Nietzsche, *Sämtliche Werke*. Kritische Studienausgabe (KSA) in 15 Bänden, Hrsg. v. Giorgio Colli und Mazzino Montinari, München, 1988, Bd. 5, S. 12.

Ausrufezeichen verwandeln. Und all das nicht im Sinne der Beliebigkeit. So sehr wir uns verwegenes Denken erlauben sollen: Es soll das situativ Richtige treffen. Das Rechte.

Den «freien Geist» könnte man als *weise* bezeichnen, wenn wir das Wort von allem Kitschigen, das ihm anhaftet, befreien. In meinem Buch habe ich geschrieben:

> Der Weise strebt an, dem Leben zu dienen. Nicht abgehoben, sondern konkret. Er verfügt über eine fluide, freischwebende emotionale Intelligenz, über einen interaktiven Geist. Er kann mit Ambiguitäten leben. Hat Humor. Kann mit dem Nicht-Verstehen umgehen. Fragt wie ein Kind. Antwortet aus der Tiefe der Erfahrung heraus, stopft die Löcher des Wissens nicht zu, ist offen für den ewigen Wandel der Dinge ... Sein Leben: ein freier Gang selbst durchs Beschwerliche.[1]

Ich stelle eine Verbindung her zu François Jullien, der das Sich-Herauslösen aus allem systematisierten Denken auch aufs Existentielle ausweitet. Sich befreien aus unseren Einschliessungen, aus der «akkumulierten Elaboration» hin zu einem Dazwischen, einer Dissidenz, einem Ausserhalb dessen, was wir zunächst errichtet haben – dafür plädiert er in seinem Buch *Ein zweites Leben*.[2]

Man fühlt sich an C. G. Jungs Individuationsgedanken erinnert. Er hat Nietzsches zugespitzte Übersetzung von Pindars Imperativ *Du sollst der werden, der du bist* auf seine Weise expliziert. Irgendwann haben wir erreicht, was wir wollten, sind am Karriereziel angelangt, im Rahmen einer netten Familie mit eineinhalb Kindern, haben ein zweites *Cheminée* eingebaut im

---

[1] Martin Kunz, a.a.O., S.165f.

[2] Martin Kunz a.a.O. S. 191.

Häuschen, einige Krisen gut bewältigt. Wir sind nicht unbedingt verbiedert und vermopst, aber solide eingerichtet. Und jetzt?

Jetzt ginge es noch darum, den inneren Künstler zu befreien, könnte man vielleicht sagen. Jene souveräne Figur, die etwas anstrebt, erschaffen will, das mehr ist als sie selbst. Die dadurch sich nicht aufbläht, sondern abnimmt. Zugunsten eines Grossen Gedankens. Eines Ereignisses.

In uns angelegt ist die Ahnung, dass wir nicht nur das sind, was wir geworden sind. Nicht überraschend, dass wir etwas draussen vermuteten, in den Himmeln. Seit wir psychologisieren, vermuten wir es drinnen. Im Unbewussten. Im psychischen System. In der Phantasie. Schon Nietzsche hat die Inspiration entmythologisiert, indem er sie, verstanden als «Gnadenschein, der vom Himmel herableuchtet»[1], verwirft. Er betont die Urteilskraft, die auswählt und zusammenknüpft.

Aber jetzt vereindeutigen wir ihn. Gerade sein Schaffen zeigt, dass er ein poetisch, musikalisch, philosophisch Ergriffener ist.

4

Zurück zur Individuation, die in gewisser Weise als Weg der Künstlerin, des Künstlers gedacht werden kann. Darf ich mir erlauben, Nietzsches Metaphorik des grossen oder hohen «Mittags» ins Spiel, ein analogisierendes, zu bringen? Ich denke an den Schluss des ersten Teils des *Zarathustra*.

Wenn wir uns vom gemeinen Menschen *vom Markt*, dem in uns, zu unterscheiden beginnen, haben wir, nachdem wir unserem Schatten begegnet sind, vielleicht ein befreiendes

---

[1] Friedrich Nietzsche a.a.O., KSA 2, S. 146.

Mittags-Erlebnis, das wir aber überschätzen. Wir sind als Selbstverwirklichte, gar Selbstoptimierte noch nicht die, die wir sind. Ich mag dort angekommen sein, wo die Sonne über meinem Haupte scheint. Ja, es ist Mittag. Der grosse Mittag ist es aber nicht. Dieser wird erst übermorgen sein – und auch dann erst als Ankündigung eines Untergangs und eines neuen Morgens. Bestimmte Formen von Mittag ironisiert Nietzsche: den alten Mittag, der zum Einschlafen ist. Den grossen Mittag muss er nicht negieren, denn er ist noch nicht. Er weist über uns hinaus, auf ein Angekommensein, das immer aussteht.
Gefordert ist, so C. G. Jung, eine grosse Bereitschaft:

> Ja sagen zu sich selber – sich selbst als ernsthafteste Aufgabe sich vorsetzen und sich dessen, was man tut, bewusst zu bleiben und es in allen seinen zweifelhaften Aspekten sich stets vor Augen halten – ...[1]

> Wir können den Nachmittag des Lebens nicht nach demselben Programm leben wie den Morgen, denn was am Morgen viel ist, wird am Abend wenig sein, und was am Morgen wahr ist, wird am Abend unwahr sein.[2]

Wir haben unser Werk zu tun, unser *opus magnum*. Das tönt zu grossartig, ich weiss. Ich meine lediglich, dass wir das Unsere befreit tun sollten. Mag sein als umgekehrte Alchemisten: aus Trompetengoldzuständen zurückkehren ins Bleierne. Was wir für Gold hielten, durchschauen.

> Ich trachte nach meinem Werke! ... Dies ist mein Morgen, mein Tag hebt an: herauf nun, herauf, du grosser Mittag[3]

---

[1] Carl Gustav Jung, *Gesammelte Werke*, Solothurn und Düsseldorf, 1993, 13, §24.
[2] Carl Gustav Jung, *Seelenprobleme der Gegenwart*, Zürich, 1931, S. 455.
[3] Friedrich Nietzsche, a.a.O., KSA 4, 408.

5

Über 30 künstlerische oder philosophische Anlässe musste ich in den letzten 16 Monaten ausfallen lassen. Ich gewann Zeit. Kein Romantik-Werk, sondern Schweigen. Ich konnte über die Leere nachdenken. Jene Leere, die nicht nur *horror vacui* ist. Aber ich habe sie rasch wieder gefüllt. Mit Tagebuchschreiben. Mit Klavierspielen. Mit Philosophieren. Mit Wollen, mit Werten und Umwerten. Und war im alten Modus. Fast. Manchmal beflügelt. Jedenfalls war da wieder eine gewisse Arbeitslust. Nietzsche formuliert die Voraussetzungen, die auch ich brauche: «Dafür habe ich Alles nöthig», schreibt er in einem Brief von Sils-Maria aus an seine Schwester und ihren Mann, «Gesundheit, Einsamkeit, gute Laune, vielleicht eine Frau.»[1]

Markus Huber, seit Jahren mein Partner im Dialogischen Philosophieren, und ich haben am letzten Abend der diesjährigen *Waldhausgespräche*[2] einiges zur Frage der Leere ausgebreitet. Ohne anzukommen. Unser Reden wurde unterbrochen mit einer Performance des Schauspielers Christian Seiler. Die Sprache führt nicht weiter. Nicht zu sprechen auch nicht.
Die Leere aber, die das Erwachen ist, wo … wohin?

Hier sass ich, wartend, wartend, – doch auf Nichts … [3]

---

[1] Friedrich Nietzsche, *Sämtliche Briefe*, Kritische Studienausgabe (KSB) in 8 Bänden, Hrsg. v. Giorgio Colli und Mazzino Montinari, München, 1986, Bd. 7, S. 241.
[2] Seit 2006 führen wir im *Hotel Waldhaus* in Sils-Maria jeweils im Sommer philosophische Abendgespräche durch.
[3] Friedrich Nietzsche a.a.O., KSA 3, 649.

Kleinohrig angsthäsige Nihilismusfallengänger

Um weise zu werden, muss man gewisse Erlebnisse
erleben wollen,
also ihnen in den Rachen laufen.
Sehr gefährlich ist dies freilich,
mancher «Weise» wurde dabei schon aufgefressen.

(MA II, WS 298; 2, 687)

Victoria Kerkvliet – de Kleijnen

«Was mich nicht umbringt, macht mich stärker»
Eine Umfrage

Das *Nietzsche Forum München e. V* hat für 2021 das Thema Seuchen, Krisen und Umbrüche in Philosophie und Literatur gewählt. Es hat jede/jeden eingeladen, einen Text zu diesem Thema zu verfassen. Damit werde ich mich im Folgenden beschäftigen.

Das allgemein bekannte Nietzsche-Zitat *´Was mich nicht umbringt, macht mich stärker´*, könnte möglicherweise nicht nur im allgemeinen und im persönlichen Leben Bedeutung haben, aber auch speziell in Krisenzeiten und möglicherweise auch jetzt während der Corona-Pandemie. Ich frage mich, was der Aphorismus für uns in diesen aktuellen Krisenzeiten bedeuten könnte, sowohl für uns persönlich als auch für die gesamte Menschheit.

Ich bin keine Philosophin, sondern Historikerin. Dieser Essay ist keine Magisterarbeit oder Dissertation, aber für mich als Niederländerin bedeutet er eine fast genauso große Herausforderung, indem ich versuche, eine Erörterung in der deutschen Sprache zu meistern. Einerseits kann ich hiermit mein Interesse an diesem Thema vertiefen und hinaustragen, andererseits kann ich meine Fertigkeit im Schreiben auf Deutsch (Stufe C1) trainieren. Nach getaner Arbeit könnte ich dann auch die Frage beantworten, ob dieser Essay mich umgebracht hat oder ob ich stärker geworden bin.

Nietzsche und die Corona-Krise

Die durch die Ausbreitung des Virus' entstandenen Probleme sind immens. Es ist jedoch nicht nur die gesundheitliche Bedrohung, die Covid-19 verursacht. Die weltweiten Kollateralschäden der Pandemie, ebenso sowohl persönlich als im Allgemeinen, sind eben immer noch nicht zu übersehen. Mich hat dieses Zitat vom Erstarken oft berührt und tut es aktuell noch intensiver. Deshalb möchte ich mit diesem Essay die Diskussion über das Zitat gerne intensivieren.

Ich habe den allseits bekannten Satz mit insgesamt neun Fragen kombiniert und diesen Menschen vorgelegt, die durch die Pandemie zwar «nicht umgebracht» wurden im Sinne von absolut desillusioniert und verzweifelt sein, aber doch ziemlich herausgefordert waren, sind und bleiben. Ob sie die Aussage unterschreiben könnten, wollte ich wissen. Es ist eine Umfrage unter denen, die oft für diejenigen da waren, die krank geworden sind oder die auf andere Weise «gerettet» wurden und währenddessen selbst standhalten mussten. Diese «Rettungsarbeiter» sind mir sehr lieb und teuer. Kann die Philosophie, kann der allseits bekannte Satz vielleicht in diesem speziellen, schwierigen Alltag hilfreich sein? Das wollte ich wissen.

Für die Sentenz, mit der wir uns in diesem Text beschäftigen, gibt es eine Reihe von Fundstellen in Nietzsches Werk. Sein Leben hat ihn so sehr heraus-gefordert, dass die Annahme einer Resilienz nach durchlebtem Leid wie ein roter Faden in seinem Werk nachzuspüren ist. In seinen Texten habe ich nach entsprechenden Aussagen geforscht, nach Umschreibungen und Gedanken zum Thema ‹*sich nicht umbringen lassen, sondern stärker werden›*. Nietzsche versuchte wahrscheinlich mit diesem nun sprichwörtlich bekannt gewordenen Satz zu erklären, dass ein Mensch, indem er versucht, Rückschläge zu bewältigen, Resilienz entwickeln und stärker werden könnte. Im Anhang dieses Essays sind sieben Fundstellen beschrieben.

Eine Umfrage

Ich bin in der Umfrage an persönlichen Gedanken, Erfahrungen und Perspektiven interessiert und habe daher eine qualitative Umfrage in meinem kleinen Umfeld gemacht. Die Umfrage ist im April 2021 durchgeführt worden und alle Befragten, acht Männer und zehn Frauen, haben den Fragebogen ausgefüllt. Der Jüngste ist 20 Jahre alt, der Älteste 93. Sieben Befragte wohnen in Deutschland, acht in den Niederlanden, zwei in Italien und eine Person wohnt in Neuseeland.

Die erste und die letzte Frage sind dieselbe Frage. Diese Fragen sind die wichtigsten. Mein Interesse konzentriert sich darauf, ob man während der Beschäftigung mit diesem Thema und diesem Zitat seine Gedanken aktivieren und ändern konnte und ob Veränderung in der Haltung möglich ist. Die Fragen 1 und 9 beziehen sich konkret auf die Sentenz in Bezug auf die Corona-Pandemie. Frage 2, 3, 5, 6 und 7 haben mit der persönlichen Situation während der Pandemie zu tun. Frage 4 und 8 sind globaler, auf Menschen und die Menschheit, aufzufassen. Antworten waren möglich mit «ja» oder «nein» und/oder einem Fragezeichen «?» und ich habe ferner nach Erläuterungen, Vorbildern oder eigenen Erfahrungen gefragt, die ein Plus für die qualitative Einschätzung sind.

Die Fragen

Die Fragen können mit JA oder NEIN beantwortet werden oder mit einem FRAGEZEICHEN.

‹*Was mich nicht umbringt, macht mich stärker*›

1. Bist Du mit diesem Nietzsche-Zitat einverstanden?
2. Wenn Du dieses Zitat auf dein eigenes Leben beziehst, bist du dann damit einverstanden?
3. Könnte dieses Zitat auf die unterschiedlichen persönlichen Herausforderungen durch Probleme bezogen werden, die die Corona-Pandemie dir macht?
4. Könnte dieses Zitat mit den unterschiedlichen weltweiten Herausforderungen der Probleme zu tun haben, die die Corona-Pandemie der Menschheit macht?
5. Hast Du während des *Lockdowns* vieles anders gemacht?
   Wenn das so ist, WAS hast Du anders gemacht? / Welche neuen Möglichkeiten hast du entdeckt/benutzt?
6. Wenn ja: Wie erfährst du jetzt diese Änderungen und denkst du, dass diese Änderungen nachhaltig sind?
7. Denkst Du, dass DU stärker aus dieser Corona-Krise kommen kannst?

8. Denkst du, dass die Menschheit die Chance hat, stärker aus dieser Corona-Krise zu kommen?
9. Bist du mit Nietzsches Zitat einverstanden?

Antworten und Erläuterung

Obwohl diese Umfrage nicht repräsentativ ist, möchte ich die Ergebnisse als Schema wiedergeben. Klar ist dann auf einen Blick, WIE man dieses Zitat einschätzt. In der Erläuterung ist mehr Information hierüber zu lesen.

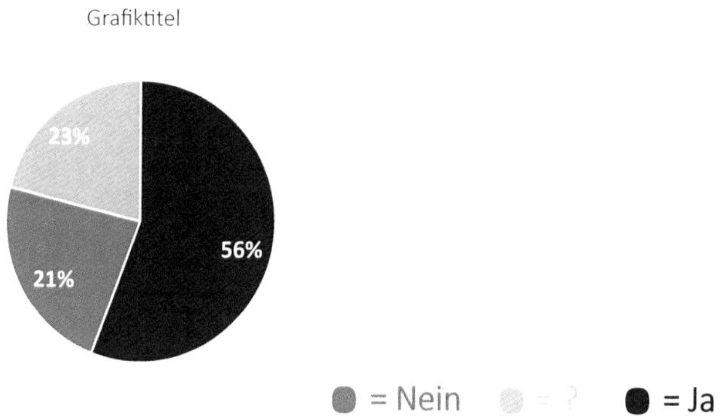

Ergebnis:

Nein = 21% ? = 23% Ja = 56%

Die Nein-Antworten

Diejenigen, die negativ auf die Eingangs- und Schlussfrage reagierten, haben – bis auf eine Person – sehr kurz geantwortet und äußern sich zornig. Ihr Ärger über die Corona-Krise und die Maßnahmen ist deutlich zu spüren und sie sind verzweifelt über die Folgen und auch über die Maßnahmen, die zur Bewältigung der Pandemie ergriffen wurden. Sie sind sich zwar bewusst, dass sie nicht zu klagen brauchen, aber es kostet sie Mühe. Manche kompensieren ihre Verzweiflung mit optimistischen Bemerkungen, aber bei ihnen lebt eine negative Stimmung und man fokussiert sich insbesondere auf Möglichkeiten im eigenen Umfeld, die Beschränkungen zu umgehen wie zum Beispiel nicht frei reisen zu dürfen, Ausflüge verpassen müssen.

Manche Menschen meinen, dass sie während der Pandemie ihr Leben wie nicht «gelebt» haben, (Lebens-)Zeit verloren haben und sie vermissen das gewohnte tägliche Leben sehr. Diese Reaktionen bedeuten, dass diese Gruppe das Zitat nicht unterschreibt. Hat diese Gruppe sich umbringen lassen?

Die ?-Antworten

In dieser Gruppe herrscht keine große Unzufriedenheit, eher eine abwartende Haltung. Man hat die Situation akzeptiert, folgt den Entwicklungen und versucht das Beste daraus zu machen. Man passt sich an und schafft das eigentlich schon gut. Ob diese Gruppe dieses Zitat unterschreiben könnte, ist noch unklar. Sie hat keine klare Meinung und wagt es nicht zu sagen, ob sie selbst, der Mensch und die Menschheit stärker wird oder geworden ist. Das Fragezeichen ist ihre Antwort. Jedenfalls hat diese Gruppe sich (noch) nicht umbringen lassen.

Die Ja-Antworten

Interessant ist, dass diejenigen, die positiv reagiert haben, ausführlich antworteten. Ich fasse jetzt einige Informationen aus den Antworten zusammen.

Es ist dort zu lesen, dass eine neue Art Bewusstsein für Aufmerksamkeit und Achtsamkeit entstanden ist. Wenn wir die Entwicklungen im Pandemiejahr 2020 anschauen, sehen wir unvorstellbar viele Veränderungen im Leben des Einzelnen und der Allgemeinheit. Dem vielen Weh aus den Anfängen der Pandemie stehen heute Erleichterungen und eventuell auch Schutz durch die Impfungen entgegen. Leider immer noch mit vielem «Ja und Aber». Im Jahr 2020 kannte kein Mensch die Wörter Astra-Zeneca, Moderna, BioNTech Pfizer. Kaum jemand hat jemals geglaubt, dass man es in solch kurzer Zeit schaffen würde, einen Impfstoff zu entwickeln. Sowohl persönlich als auch im Allgemeinen, der Pandemie zum Trotz, ist hier eine positive Haltung festzustellen. Insbesondere auch im Hinblick darauf, dass die Pandemie das Bewusstsein für die Klimaprobleme «aktualisiert» hat, womit diese große Herausforderung jetzt endlich in den Fokus gerückt ist. Diese Gruppe bestätigt also dieses Zitat und hat sich nicht umbringen lassen, im Gegenteil, diese Gruppe ist stärker geworden.

Interessant ist, dass einige Befragte durch das Bearbeiten der Umfrage dazu bewegt wurden, weiter nachzudenken und ihren Blickwinkel zu hinterfragen und zwei

Personen änderten die erste Antwort auf die Frage nach der Gültigkeit der Sentenz von «Nein» nach «Ja».
Manche bemerkten, dass es vielleicht sinnvoll ist, tatsächlich weiter über das Nietzsche-Zitat nachzudenken auch in Bezug auf die Klimakrise. Interessant finde ich auch, dass manche bemerken, dass man sich mehr als zuvor in einem eingespielten Team fühlt, sowie eine stärkere Hinwendung auf das Umfeld und solidarischer ist, weil man diese Krise gemeinsam bewältigen muss und wir durch das Virus alle im selben Boot sitzen. Vorgeschlagen wurde, dass wir das Zitat im Plural verstehen:
Wir dürfen uns nicht umbringen lassen, wir müssen stärker werden.

Die Änderungen im Verhalten sind insbesondere das Denken darüber, was wirklich Sinn hat in einem Menschenleben Hier kommt dann wahrscheinlich auch die Philosophie in den Fokus?

Im Allgemeinen habe ich von den JA-Befragten Reaktionen bekommen, dass sie mir dankbar seien, diese Umfrage ausfüllen zu dürfen, weil sie danach ihr alltägliches und persönliches Leben bewusster verbringen und noch mehr wertschätzen.

Zusammenfassung

Mein Fazit also lautet: Die erste Gruppe spricht sich absolut gegen dieses Zitat aus. Die zweite Gruppe weiß noch nicht genau, wie man diese Frage beantworten sollte und die dritte Gruppe ist mit dem Zitat einverstanden. Interessant ist, dass die meisten meinen keine besonders großen persönlichen

Probleme mit den Beschränkungen während der Pandemie empfunden zu haben. Ihr Leben war zwar reduziert, aber man habe die Zeit gut benutzt und gut überstanden und sein Leben einfach anders gestaltet. Positiv wird beschrieben, dass man entschleunigter lebt, Zeit und Muße für Antworten auf die grundlegende Frage hatte, wie man das persönliche Leben eigentlich gestalten will. Auch das Bewusstsein sei gewachsen, wie wichtig die Gesundheit ist. Zwei Befragten änderten ihre Antwort auf das Zitat von «Nein» nach «Ja» und das bedeutet, dass man sein Verhalten tatsächlich ändern kann.

Zusammengefasst: Die meisten Befragten antworten eindeutig und kollektiv: ja, und das Nietzsche-Zitat könne auch noch stärker angewendet werden: ‹Was uns nicht umbringt, macht uns stärker› ist hier und jetzt anzuwenden. Sowohl persönlich als kollektiv ist die Mehrheit der Meinung, dass dieses Zitat den Menschen und die Menschheit tatsächlich prägen kann umzudenken und stärker zu werden. Die allgemeine Meinung zu diesem Zitat ist, dass man meistens nach Niederlagen reift und lernt weiterzugehen.

Für mich gilt: ich unterschreibe dieses Zitat und außerdem: ich habe mich mit dem Schreiben dieses Textes auch nicht umbringen lassen und bin «stärker» geworden.

Anhang

Quellenangaben zu den Zitaten:

1. Der Fall Wagner, Das hat Alles einerlei Logik:

> «Wer uns umwirft, der ist stark...», KSA 6, 24;

2. Götzen-Dämmerung, Sprüche und Pfeile, § 8, «Aus der Kriegsschule des Lebens»:

> «Was mich nicht umbringt, macht mich stärker», KSA 6, 60;

3. Nachgelassene Fragmente Herbst 1887, NF-1887,10 [87]:

> «...was uns nicht umbringt, macht uns stärker», KSA 10, 87;

4. Nachgelassen Fragmente Frühjahr 1888, NF-1888,15 (118):

> «was uns nicht umbringt, macht uns stärker, das bringen wir um, das macht uns stärker [...] Das waren Stufen für mich. Ich bin über sie hinaufgestiegen », KSA 6, 66;

5. Nietzsche contra Wagner: Epilog, § 1, gedruckt Jan.1889:

> «Und was mein langes Siechtum angeht, verdanke ich ihm eine höhere Gesundheit, eine solche, welche stärker wird von Allem, was sie nicht umbringt! — Ich verdanke ihr auch meine Philosophie», KSA 6, 436;

6. Ecce homo: Warum ich so weise bin, § 2, druckfertig 02/01/1889:

> «Er erräth Heilmittel gegen Schädigungen, er nützt schlimme Zufälle zu seinem Vortheil aus; was ihn nicht umbringt, macht ihn stärker», KSA 6, 267.

Zuletzt ist das wachsende Bewusstsein eine Gefahr....

(FW 354; 3, 593)

Bettina Best

An die Träumer der Unsterblichkeit[1]

> «Die g e i s t i g e A u f k l ä r u n g ist ein unfehlbares Mittel
> um die Menschen unsicher, willensschwächer,
> anschluß- und stütze-bedürftiger zu machen,
> kurz das H e e r d e n t h i e r im Menschen zu entwickeln:
> [...] die Verkleinerung und Regierbarkeit des Menschen
> wird als ‹Fortschritt› erstrebt.»[2]

Nietzsche kann uns helfen unserer von Angst und Wahn getriebenen Gesellschaft den Spiegel vorzuhalten. Etwas, das den Namen Pandemie verdient, hat es nie gegeben. Davon ausgehend, dass für das System die oberste Priorität ein verwaltungstechnisch funktionierendes Staatsgebilde ist, orientiert sich die Präventiv-Gesellschaft nicht mehr an realen Todesraten. An ihre Stelle treten statistisch ermittelte Prognosen. Systemrelevante Krankenhauskapazitäten und bürokratische Verhinderungsstrategien aller Art sollen dem *worst case* einer epidemischen Verbreitung des Virus vorbeugen.

Das Menetekel einer Pandemie an der Wand bringt ein übereifriges System im Zusammenspiel mit einer sensationsgierigen Presse und eine gefügige Angstgesellschaft hervor. So etwa beschwörten Bilder von sich-stauenden Särgen

---

[1] Titel von Buch 4, 208-240, in Friedrich Nietzsches *Morgenröte* von 1881, KSA 3, 190.

[2] Friedrich Nietzsche, Nachgelassene Fragmente Juni–Juli 1885, NF-1885,36[48]; KSA 11, 570.

in der Oberpfalz ein Katastrophenszenario, das sich nicht etwa auf eine erhöhte Sterblichkeit durch den Virus zurückführte, sondern die Folge der Grenzschließung zur Tschechei war. Ein Rückstau im Sargtourismus entstand, weil man in den grenznahen Gebieten die eigenen Krematorien abgebaut hatte, um sich in der Tschechei kostengünstiger einzukaufen.

Bürokratismus ersetzt Entscheidungsfreiheit. So werden alte Menschen in/aus den Pflege- und Altenheimen gar nicht mehr gefragt, ob sie nicht lieber in Ruhe dann eben an Covid gestorben wären. Ein panisches besserwisserisches Medizinwesen nimmt einem Jeden die Entscheidung ab, ob und wie er behandelt werden möchte. Aktuell wurde nicht einmal mehr Rücksicht genommen auf vorliegende Patientenverfügungen. Ein Verwaltungssystem mit dem Gespenst überforderter Ärzte und fehlendem Krankenhauspersonal vor Augen, bläst seinen Apparat ohne Rücksicht auf Grundfreiheiten und Gesamtzusammenhänge weiter auf.

Mit einem freien Land, in dem der Patient sich selbst gehört hat das nichts mehr zu tun. Keiner soll in die Triage kommen, Entscheidungen über Leben und Tod treffen zu müssen. Will der Arzt nicht der Verantwortungslosigkeit bezichtigt werden, muss unter dem Diktat der vorhandenen medizinisch-technischen Mittel jede zur Verfügung stehende Option genutzt sein bevor der Patient stirbt. Im Namen des Kampfes ums Überleben werden Wertunterschiede zwischen verschiedenen menschlichen Lebensformen und unterschiedlichen Lebensphasen einfach ausgeblendet. Die eigentlich evidente Erfahrung eines sich vollendenden

Lebensbogens oder vorhandener Selbstheilungskräfte - wird aus ideologischer Fixiertheit und Machbarkeitswahn verdrängt.

Die Folgen der Medizinisierung der Gesellschaft sind 45 Jahre vor Corona von dem Fortschrittsmythen entzaubernden «Querdenker» Ivan Illich (1926-2002)[1] beschrieben worden. Er schreibt in der *Nemesis der Medizin* 1981:

> Zunehmende irreparable Schäden begleiten die gegenwärtige industrielle Expansion auf allen Gebieten der Gesellschaft. In der Medizin erscheinen diese Schäden als Iatrogenesis. Als klinische Iatrogenesis, wenn Schmerz, Krankheit und Tod aus medizinischer Betreuung resultieren, als soziale Iatrogenesis, wenn die Gesundheitspolitik eine Industriestruktur stützt, die Krankheit erzeugt,[2] als kulturelle und symbolische Iatrogenesis, wenn die vor der Medizin geförderten Verhaltensweisen und Wahnvorstellungen die vitale Autonomie der Menschen einschränken.[3]

Das Produkt ist ein «anästhesiertes ohnmächtiges und einsames Überleben in einer Welt, die sich in eine Krankenstation verwandelt» und «das zwanghafte Überleben in einer verplanten technisierten Hölle». (307) «Jene Gesellschaft, die die Intervention von Experten auf ein Minimum zu reduzieren vermag, wird stets die besten Gesundheitsbedingungen bieten» (310). «Die Gesellschaft insgesamt ist zur Klinik geworden, und alle Bürger sind Patienten, deren Blutdruck dauernd überwacht und reguliert wird». (193)

---

[1] Illich war konsequent genug, selbst an Krebs erkrankt, keine sog. schulmedizinische Therapie in Anspruch zu nehmen.

[2] Heute z.B. die weitere Elektrosmogproduktion, die chemische Pharmaindustrie usw.

[3] Ivan Illich, *Die Nemesis der Medizin*, Reinbeck b. Hamburg, 1981, S. 307.

Während das All als sinnloses Rasen von Massen und die Natur als blindes Fressen und Gefressen-Werden vorgestellt werden, soll menschliches Handeln die Erde nach ihren Gerechtigkeitsvorstellungen zu einer Insel der Sinn- und Zweckhaftigkeit und des Mitleids verbessern. Gentechnik und Chemieindustrie sichern das Überleben und die Ernährung des Einzellebens. Sie fragen jedoch nicht, was die Ziele einer ins Unermessliche wachsenden Weltbevölkerung sein sollen. In Umkehrung des Goetheschen Mephisto wird der reduktionistische Humanismus unwillkürlich zu einem Teufel, der stets das Gute will und stets das Böse schafft.[1] Anthropozentrismus in Allianz mit technischem Machbarkeitswahn degradieren die Natur zu einer vermenschlichten Umwelt, deren Kennzeichen Naturzerstörung, Genderhybris, Hypochondrismus und Gleichmacherei sind. Ivan Illich konnte noch auf eine ökonomische Rationalität hoffen, die die Entwicklung durch immer weiter steigende Grenzkosten bald zu einem Ende bringen würde. Im Zeitalter der Digitalisierung müssen wir mit dem Nietzscheaner Oswald Spengler annehmen, dass der Technizismus unserer faustischen Zivilisation mit ihr verschwinden wird: durch sozialen Zerfall.

Nicht durch Naturkatastrophen, wie sich das die Ökologen vorstellen, sondern an sich selbst wird die unkulturelle Zivilisation scheitern. Oder anders gesagt: nicht ein Virus oder eine Klimaschwankung wird «die Menschheit wirksam dezimieren», sondern die Reaktion dieser

---

[1] Johann Wolfgang von Goethes Mephisto bezeichnet sich selbst in seinem Werk *Faust* als «ein Teil von jener Kraft, die stets das Böse will und stets das Gute schafft» (*Faust I*, Szene im Studierzimmer, V. 1335–1336).

«Menschheit». Die Verstrickung in einen Wahn, wie er in Corona sichtbar wird, ist die notwendige Folge der Haltlosigkeit, die aus der Naturentfremdung folgt (und der als Ausgleichsbewegung wirkende Rückschlag).

Niemand wagt öffentlich darüber nachzudenken, ob das Virus eine Ausgleichsbewegung der Natur ist, um einem falschen Humanismus Grenzen aufzuzeigen. Statt seine Exzentrizität und Nachrangigkeit gegenüber der Natur zu akzeptieren, begehrt die Menschheit herkulische Unsterblichkeit. Nietzsche wertet das als Anzeichen kultureller Endzeit: «Das ewige Leben-wollen und Nicht-sterben-können ist aber selber schon ein Zeichen von Greisenhaftigkeit der Empfindung» (KSA 2, 634). Vor ihm hat Platon in der *Politeia* (405d-408d) vor den schlechten Schülern des Asklepios gewarnt, die nur das Sterben verlängern.[1]

Bedingungen der Bejahung

Seit 2020 wird der Einstieg in eine totalitäre Gesellschaftsveränderung hin zu chinesischen Verhältnissen ausgerufen und fast widerstandslos durchgesetzt. Auf dem Weg in den Obrigkeitsstaat werden mit Unterstützung einer breiten Mehrheit der Bevölkerung die Grundrechte mit Füßen getreten und ein Großteil der in der Vorpandemie-Gesellschaft geleisteten Arbeit für überflüssig und nicht «systemrelevant»

---

[1]Eine schöne Formulierung ist die, dass schlechte Ärzte «Flüsse und Dünste zu Namen von Krankheiten machen». Selbst natürliche, wenn auch vielleicht vermeidbare Wirkungen werden substanzialisiert und als zu bekämpfen vorgestellt.

erklärt, z.B. Kunst und Bildung. Damit sind aber auch die Menschen, die diese Arbeit leisten, für das System überflüssig. Fehlt eine geistige Elite, so hat dies unabsehbare Folgen, wenn es erst einmal zu Bewusstsein kommt und die neuen Hierarchien bestimmt. Politiker richten sich nach Marktanalysen. Aber wie viele Wähler sind an Friseuren interessiert und wie viele an klassischen Konzerten? Demokratie und Kultur gehen nicht auf Augenhöhe miteinander einher. Noch ist die Entwicklung im schon längst nicht mehr «freiesten Staat auf deutschem Boden» nicht ganz so weit, dass wichtige Kritik nur noch mit Zitaten etwa von Nietzsche vorgebracht werden kann.

Gerade zeigt sich, dass vieles womit bisher Geld verdient wurde, gut entfallen kann – vom Billigfliegen bis zu den endlosen Konferenzen in Wissenschaft und Wirtschaft. Jedoch ist absehbar, dass nach Corona wieder im Namen des Klimawandels nicht nur der Verzicht auf Überflüssiges erzwungen werden wird. So wie jetzt die Pharma- und Digitalisierungslobby ihre Interessen durchsetzen, so werden auch grün bemäntelte, gigantische Zwangsinvestitionen zur Ankurbelung der Autoindustrie getätigt werden, obwohl die E-Mobilität keineswegs umweltfreundlicher ist als die Öl-basierte. Woran sich zeigt, dass Naturschützer ihr Anliegen mit der großen Keule «sonst Untergang» nicht wirklich voranbringen konnten, die unter anderem der Sensationsgier der Medien und der an Massen orientierten Vier-Jahres-Politik geschuldet ist.

Tatsächlich führt die Akzeptanz der Sterblichkeit von Menschen und Kulturen nicht in den Untergang. Dazu ein Traum, den ein Freund von mir tatsächlich träumte: Nach zwei Jahren stellt sich heraus, dass der RNA-Impfstoff Zellen bildet, die sich immer weiter vermehren und die Wände der Blutgefäße angreifen und schließlich Gerinnsel bilden, ins Gehirn wandern und alle Geimpften sterben.[1] «Dann wachte ich auf und dachte, das ist ja gar nichts Schlimmes, das wäre ja das Beste, was passieren könnte. Dann wäre endlich wieder Platz auf der Erde und neun Zehntel der Betonbauten könnten abgerissen werden oder vor sich hin bröseln. Es blieben übrig nur die Querdenker, das heißt überhaupt Denker, denn dem Mainstream folgen ist Nichtdenken. Das wäre wunderbar». Freilich ist Natur nur im anaximandrischen Sinn gerecht: Denn es würde nicht nur die Kritiklosen erwischen, sondern auch viele, die dem Anpassungsdruck im Berufsleben erlegen sind. - Wären wir dann auf dem Weg zum Übermenschen, statt auf dem, den der Mainstream will: zum «letzten Menschen» und seinem «Glück»?

[1] Recht weit geht diesbezüglich Luc Antoine Montagnier (geb. 1932), der «Erfinder» des HIV-Virus (1983).

– Ich fürchte, die Thiere betrachten den Menschen
als ein Wesen Ihresgleichen,
das in höchst gefährlicher Weise den gesunden Thierverstand
verloren hat, –

(FW 224; 3, 510)

Reinhard Knodt

Vom Ethos des letzten Menschen oder: Was Corona zeigt

I. WIN-WIN

Wenn man sich Nietzsches Rede vom letzten Menschen aus dem Zarathustra ins Gedächtnis ruft, dann tauchen darin Beschreibungen auf, die eine Art Psychogramm der Moderne ergeben. «Was ist Liebe? Was ist Schöpfung? Was ist Sehnsucht? Was ist Stern? – so fragt der letzte Mensch [...] die Erde ist dann klein geworden und auf ihr hüpft der letzte Mensch, der Erdenfloh... »[1]
Das Fliegen hatte Nietzsche 1880 nicht im Sinn, obgleich das Vergebliche des Umherfliegens und die «klein gewordene Erde» uns daran erinnern könnten – und noch so manches andere aus der berühmten Passage auch! «Wir haben das Glück erfunden!», sagen die letzten Menschen «Ein Lüstchen für den Tag, ein Lüstchen für die Nacht ... Gift zu einem angenehmen Sterben ... »

Der «letzte Mensch», so hat dies Wiebrecht Ries in seinem Buch «Schule des Verdachts» einmal nahegelegt, ist einer, für den es nicht mehr zutrifft, das er in einer Hälfte seines Daseins «Künstler und Träumer» ist, während die andere, die Tagseite, zur Stabilität desselben im Miteinander beiträgt.[2] Der letzte Mensch ist nur Tagseite. Der Rest stört. Metaphysische

[1] Hier und im Folgenden, auch in Variationen, aus: Friedrich Nietzsche, *Also sprach Zarathustra I, Vorrede* §5; KSA 4, 19-20.
[2] Wiebrecht Ries, *Schule des Verdachts. Zur Grundlegung der Moderne bei Nietzsche - Freud – Kafka,* Berlin, 2014, S. 27ff.

Orientierung, Gottessehnsucht, Introspektion oder contemplative Zusammenschau wie bei Thomas v. Aquin. Liebe, Gemeinschaft, Ideen, an denen mehrere zusammen arbeiten, ein Projekt, das **nicht** gleichzeitig ein gutes Geschäft ist, sondern seinen Wert in sich selber trägt wie eine Mozartsymphonie? – So etwas ist in der Psyche des letzten Menschen abgetan. – Meditieren, Reflektieren? Der Aufstieg aus der Platonischen Höhle? – Mühsam! - Ein Nickerchen ist gesünder. Die Gemeinschaft der Heiligen wurde längst – Sloterdejk hat es vermeldet – durch den Spitzensport ersetzt.[1] – Was ist Liebe, was ist Schöpfung, was ist Sehnsucht, was ist Stern, so fragt der letzte Mensch und – «blinzelt».

Dieses Blinzeln, wollen wir einmal genauer betrachten. Vielleicht ist es das Blinzeln eines Verkäufers, der uns gerade ein günstiges Angebot macht? Gute Verkäufer suchen den Augenkontakt. Die Vertrautheit. Der Blick des Kunden wird durch ein Zwinkern gefangen nach dem Verkäufer-Motto, das Rudyard Kipling so wunderbar in seinem Dschungelbuch identifiziert hat. Es heißt: «Ich bin Blut von Deinem Blute, Du und ich, wir sind doch von der gleichen Art... » Du und ich, wir haben letztlich doch dieselben Interessen!

In der Türkei als Student, so erinnere ich mich, stand ein Mann abends auf den Parkplatz und sprach junge Männer an, denen er günstiges Nachtquartier anbot. Das Quartier war natürlich nur der erste Schritt, denn als ich damals in der Wohnung angekommen und zum Sitzen eingeladen worden war, brachte die Tochter des Hauses den Tee und als sie den

---

[1] Peter Sloterdejk, *Die Verachtung der Massen*, Frankfurt a Main, 2000, S. 83,ff.

Raum wieder verlassen hatte, sagte der Vater: «Sie sie Dir an, ist sie nicht schön wie ein Sack Perlen?» – und dann *blinzelte* er.

Dieser Mann bot mir damals, so wird mir heute bewußt, ein Win-Win-Geschäft an. Ich sollte seine Tochter heiraten, nur zum Schein natürlich, damit sie wieder zurück nach Deutschland käme, von wo sie scheidungshalber heimgeschickt worden war. Ich könne mich später wieder scheiden lassen. Er, der Vater bezahle alles und natürlich noch viel mehr. – Er würde gewinnen, ich würde gewinnen, die Tochter würde gewinnen...

Das Win-Win-Reden kam in den 90igern über Europa, als selbst Sozialdemokraten von der Ich-AG schwärmten. Der Sozialismus hatte historisch verloren. Win-Win-Geschäfte waren die neue Losung. Länder verkauften ihr Schienennetz, Städte ihr Wasser- und Kanalnetz um es dann von der Betreibergesellschaft wieder zurückzumieten. Ich hatte, als ich 2006 nach Berlin kam, das Erlebnis, dass die Berliner Stadtwerke – durch eine Bürgerinitiative –gezwungen wurden, ihr voreilig verkauftes Wasser- und Kanalnetz mit Verlust zurückzukaufen. Man konnte damals gelegentlich noch mit einer Idee werben, die heute ziemlich verblasst ist – nämlich dass die Betroffenen doch Bürger einer «Gemeinschaft» wären, die «in Freiheit» über die Vorgänge im Verkehrsnetz oder über das Trinkwasser bestimmen können müsste und daher eben nicht von den Entscheidungen einer Privatunternehmens abhängig sein dürften.

Der Umbau Europas in eine Win-Win-Welt – man könnte auch sagen in eine nahezu ethosfreie Gemeinschaft – ist inzwischen abgeschlossen. Man kann heutigen Studenten kaum noch erklären, nach welchen Bildungsidealen ein Studium verlief, in dem man keine *credit-points* für spätere Abschlüsse und keine Abschlüsse für spätere Berufsaussichten (und um Himmelswillen doch nicht um der Sache selbst willen) erwerben konnte und nur schlecht läßt sich heute erläutern, wie Krankenhäuser, Universitäten, Post, Bahn oder Opernhäuser funktionierten ohne dass jeder Bereich modularisiert und gewinnbringend organisiert war. Auch der Höllensturz der Intellektuellen ist vergessen. Eine PEN-Entschliessung in den Abendnachrichten? Ein deutscher Präsident, der einen Nobelpreisträger zu Hause besucht, um sich für Tier-Vergleiche zu entschuldigen, die ein Parlamentarier im Zorn über deren zu großen Einfluss geäussert hatte? Heutige Präsidenten wissen nicht mehr wie Nobelpreisträger heißen. Sie kennen den VW-Chef! Während die wirklich Reichen ein wenig von Philosophie light träumen – am besten in Italien und mit Yoga.

In der Einrichtung der Win-Win-Gesellschaft hat sich vor unseren Augen eine Art zweiter «Strukturwandel der Öffentlichkeit» vollzogen, der den zum Ende des 18. Jh. von Habermas beschriebenen rückabwickelte und damit das, was einst Parlamente und Gemeinschaften nach Prinzipien freier Deliberation entschieden, zum Entscheidungsfall von auf dem Markt frei agierenden Unternehmen macht; Es sind Unternehmen, deren Sinn immer der gleiche ist, ob sich NGOs, Künstler, Impfmittelhersteller oder Schriftsteller zur gemeinnützigen GmbH, bzw. Ich-AG machen lassen, nämlich der Gewinn jenes seit Aristoteles so beschriebenen Mittels aller Mittel, auf das nun die Gemeinschaft ausgerichtet ist wie früher auf «Gott». Der neue Gott hat im übrigen auch den Vorteil eines direkten Paradiesgewinns, abzurechnen in Tagen und – zwei Flugstunden entfernt.

II «Kein Hirt und eine Heerde»

Der Einbruch der Corona-Pandemie hat diesen Gott nun ein wenig beschädigt, ja, das Win-Win-Denken selber scheint es, wird erstmalig nach langer Zeit wieder – ganz vorsichtig natürlich – in Frage gestellt. Es kommt in der Öffentlichkeit zu Formulierungen, die wir fast schon vergessen haben. Man solle «aus Solidarität» mit Alten und Schwachen einen Mundschutz tragen, hörten wir. – «Was ist mein Gewinn?» frage ich mich fast unwillkürlich. Oder Impfen? – Ja Moment mal, was habe ich davon, wenn ich, sagen wir mittleren Alters und gesund bin. Die Todesrate ist ja wohl nicht grade die der Pest. – Mögen sich die impfen lassen, die sich einen Gewinn davon versprechen. Ich verspreche mir keinen. Eher noch denke ich, ist es womöglich gefährlich. Den Gewinn machen womöglich nur die Impfmittelhersteller, deren Aktien ja sichtbar steigen. Irgend Einer wird immer Gewinn machen so schiesst es mir durch den Kopf vielleicht sogar mit der gesamten Pandemie! Die Chinesen...!

Es sind leichte Irritationen – aber sie wirken erhellend! Wir überlegen uns Dinge, die wir früher nicht bedacht haben, etwa, dass jeder Politiker, auch wenn er diese peinlichen Reden von der Gemeinschaft hält, schon statistisch zwei Lobbyisten neben sich stehen hat... Oder wir bemerken, dass wir nicht mehr so leicht fort können. Neigten wir doch bisher als Win-Win-Denker eher zum Gehen, wenn die Regeln, die wir befolgen sollen, lästig wurden. Die Tendenz zum Gehen etwa in Ehen, führte zu einer Scheidungsrate von 35% und in Berlin zu 70% Single-Haushalten. – In einer Welt der Pandemie kann ich nicht einfach nach Teneriffa fliegen.

Und wer weiß, denken wir sogar darüber nach, was wir dem Win-Win-Denken so geopfert haben. Ein «Europa» in dem seit der ägyptischen Antike Götter und Dichter, Eros, Oikos und Polis ihre Rolle spielten, dass ein Europa der Klöster, der Mystiker, der Maler, der Musik und der großen Philosophieentwürfe war, das habe ich mir als echter Teilnehmer am großen Win-Win-Spiel womöglich einfach ausreden lassen, nur um Geld zu machen! Ich kann ja noch ins Museum gehen oder in die Philharmonie. Aber ich bin doch am Ende wirklich nur noch Teilhaber einer gut geölten Modulmaschine aus psychischen Singles, auch wenn ich vorübergehend mal wieder in einer (Win-Win-) Beziehung lebe. Ich verstehe mich nicht als Individuum mit einem großen Kulturerbe im Kopf, das mit anderen sich glücklich austauscht, sondern vielleicht eher als Besitzer von Chancen, Rechten und Geld.

Es gibt noch eine Ethik-Kommission des deutschen Bundestages – sozusagen ein Rest des ehemaligen Staatsverständnisses der BRD. Ihr philosophisches Aushängeschild war über viele Jahre der Humboldtphilosoph Volker Gerhardt, der allerdings nun – nach einschlägigen Erfahrungen – innerhalb der Münchner «Stiftung kulturelle Erneuerung» eine Art akademische Gegenwehr gegen den aufkommenden Geschäfts-Sinn von Ethik zu etablieren versucht. In einem Buch das den geradezu revolutionären wie auch etwas altertümlichen Titel *Kulturelle Erneuerung – der*

Beitrag der abendländischen Philosophie[1] trägt, steht dabei auf S. 105 unter der Überschrift: *Ethik statt Coaching* die nur schlecht verborgene Klage darüber, dass die Win-Win-Gesellschaft der letzten zwanzig Jahre nicht etwa die Ethik, sondern vielmehr einen ganz bestimmten Typus gefördert hat, der heute dafür sorgt, dass wir im Konkurrenzkampf um die besseren Plätze gut «gecoacht» gegeneinander antreten können. – *Coaching* aber, so Gerhard, ist eben gerade keine Ethik, auch wenn sie gelegentlich als solche daherkommt. Wir müssen es uns eher als «alternativen Knigge» vorstellen, bzw. als eine «Benimm-Schule» für ethikfreie Geschäftemacher. Der ehemalige Regierungs-Ethiker der vergangenen SPD Kabinette schreibt da ziemlich unversteckt von einem die Ethik **ersetzenden** *Coaching*, das längst die Bildung der Persönlichkeit übernommen habe und seine «Kundschaft» – also etwa die politischen und ökonomischen Strategen – entsprechend aufrüste.

Coaching macht den ungeschickt agierenden Politiker *smart*, und schafft dem happigen Geschäftemacher eine Weltretter-Aureole. Es macht Arbeits- und Dienstleistungssklaven zu einem vorübergehenden *Team* heldenhaft sich einer Sache weihender Mitarbeiter, die doch nicht die ihre ist, sondern eben die des Chefunternehmers, dem sie wiederum *Teambuilding* beibringen. Im Ganzen, die *Coacher* sind die Umerzieher einer Gesellschaft, die längst zum allgemeinen Markt geworden ist und dabei die Händler wie

[1] Volker Gerhardt, *Kulturelle Erneuerung – der Beitrag der abendländischen Philosophie*, Freiburg und München, 2020, S. 105ff.

auch die, die für sie arbeiten, «auf situative Corectness trimmt».[1]

Alles in Allem läßt sich eine Begriffsverkehrung bemerken. «Freiheit» im alten Sinne – etwa als gemeinschaftliche Durchführung gemeinschaftlicher Parlamentsbeschlüsse (Hier würden Kant oder Hegel noch die Stichwortgeber sein) existiert kaum mehr. «Solidarität» ist längst verdächtig und der Apell der Solidarität ist lächerlich wie das Reden alter Greise aus Tagen ihrer Jugend. «You have cost us a lot», sagt der amerikanische Präsident zu den Impfgegnern und wählt damit instinktiv die richtige Sprache der Wirtschaft, denn der nicht ausgesprochene Satz dahinter klingt mit und er wird ungefähr heißen: Ihr werdet das zurückbezahlen! Und ein Politiker, der vor einer Generation vielleicht noch gewagt hätte zu sagen, wenn ich Kanzler werde, gibt es Druck auf die «Verweigerer», der sagt heute, politisch gut *gecoacht* in der Sprache des Marktes: «wir schaffen noch mehr Angebote» - wir «werben»! Das heißt, wir befehlen nichts. Wir machen nur deutlich. – Der Nichtgeimpfte wird nach und nach im grossen Win-Win-Spiel seinen Gewinn nicht mehr realisieren können...

Wenn die Politiker erst einmal zur Werbesprache erzogen sind, dann gibt es kein ethisches Sprechen mehr und auch keine ethische Forderung, eine Ethikkommission ist dann bestenfalls noch eine Ehrung für den pensionierten Professor und sie erhält dann hoffentlich bald eine politisch korrekt installierte Frauenspitze, nicht weil eine Frau besser wäre,

---

[1] Volker Gerhardt, a.a.O. 105.ff.

sondern weil die Win-Win-Chancen einer jeden Frau auf dem Politikmarkt gleich stark vertreten sein müssen, auch wenn die Kommission als Ganzes nichts mehr wert ist. Dann muss keiner mehr befehlen und keiner mehr gehorchen. «Kein Hirt und eine Heerde». Wir sind frei. Wir finden es gut, wenn der sozialdemokratische Kandidat ankündigt, dass nun endlich auch den letzten 50 Prozent nichtarbeitender Frauen «neue Angebote» gemacht werden sollen, damit endlich alle tagein, tagaus arbeiten können in dem von Nietzsche so genannten «grossen Heerlager des Fortschritts».[1]

> – Ethik? Sehnsucht, Liebe, Stern? Brauchen wir nicht! «Wir haben das Glück erfunden», sagt «der letzte Mensch» und «blinzelt» und «wer es anders sieht, geht freiwillig ins Irrenhaus»[2].

---

[1] Siehe hierzu Friedrich Nietzsche, *Die Geburt der Tragödie aus dem Geist der Musik*, § 17, KSA 1, 109-114.
[2] *Zarathustra I, Vorrede* § 5, KSA 4, 19-20.

Krumm kommen alle guten Dinge dem Ziele nahe.

Wer aber seinen Zielen nahe kommt, der tanzt

(ZA IV, 17; 4, 365)

Rüdiger Kendziora

Corona-Covid 19 aus der Sicht Friedrich Nietzsches – ein Gedankenspiel

Will man versucht sein, eine mögliche gedankliche Verbindung des Gedankenguts von Friedrich Nietzsche und seiner vermuteten Interpretation der Corona-Pandemie «durch seinen Geist» hindurch herzustellen, ist man auf ein - vielleicht auch nur fragmentarisches Wissen um Friedrich Nietzsches Ausführungen angewiesen. Fragmentarisch liest sich auch Nietzsches Werk. Fragmentarisch kann auch dieser Versuch nur sein ohne gleich ganz «mit fremdem Kopfe» zu denken.

Was ließe sich der Gedankenwelt Nietzsches entnehmen mit der Zielrichtung einer von ihm selbst gegebenen, spekulativen und im Gedankenexperiment erahnten Deutung des Corona-Phänomens. «Wucht der Natur», «Naturreflex zivilisatorischer Fehlentwicklungen», «wissenschaftliches Malheur» im Experiment mit Fledermäusen, das die Grenzen des nun mehr schwer Lebensertträglichen erreicht hat oder einfach nur eine kleine Unachtsamkeit der Forschung mit folgenschweren Auswirkungen? Ist es die Demütigung der menschlichen Hybris und seiner Weltstellung, die die lebensüberschäumenden und expandierenden Kräfte in der Heraushebung des unbegrenzt Machbaren und schier unbegrenzt Erforschbaren nach der historisch so schwer errungenen Matrix des «souveränen Individuums», die die Weltmenschheit plötzlich durch einen mikroskopisch kleinen Virus auf die Lebensnotwendigkeiten zurückwirft? Nicht nur dies, die Kulturerrungenschaften um den

Preis politisch-medizinisch verordneten Reglements als Menschheitsleistung nicht mehr in das Gesichtsfeld geraten oder ihrer Gestaltungskräfte völlig beraubt sind. Ist es ein «Anzeichen höherer Kultur», dass sie sich nun selbst obsolet gemacht hat? Folgt der explosionsartigen Ausdehnung aller Aktivitäten der Menschheit über Zeitepochen hinweg nun die völlige Erschöpfung und lässt das generöse Weltschauspiel auf das nur Minimale reduzieren? Indem der Einzelne den Anderen per *distance* als «Trägermedium» erblickt manifestiert sich darin die Gestalt einer ohnehin sich selbst entfremdeten Menschheit in ungeheuerlichem Ausmaß. Wer fragt da schon nach der Kunst, wenn die Einübung in die tägliche Überlebenskunst zum Bestandteil im Kampfe um die Existenz die Subjekte wetteifernd nach frischer Luft ringen lassen. So dass, «durch einen einstmaligen Verfall der allgemeinen Erdkultur eine viel höhere Verhässlichung und endlich Vertierung des Menschen, bis ins Affenhafte, herbeigeführt werden» müsse,[1] somit wieder in den Schoß seiner Entwicklungsgeschichte zurückgebildet werde.
Und so können wir Nietzsche weiter zitieren:

> Unsere Zeit macht den Eindruck eines Interim-Zustandes; die alten Weltbetrachtungen, die alten Kulturen sind noch teilweise vorhanden, die neuen noch nicht sicher und gewohnheitsmäßig und daher ohne Geschlossenheit und Konsequenz. Es sieht aus, als ob alles chaotisch würde, das Alte verlorenginge, das Neue nichts tauge und immer schwächlicher werde...[2]

---

[1] Friedrich Nietzsche, *Menschliches Allzumenschliches* I, § 247: *Kreislauf des Menschentums*, Erste Veröff. 07/05/1878, KSA 2, 205f

[2] *Menschliches Allzumenschliches* I, § 248: *Trostrede eines desperaten Fortschritts*, Erste Veröff. 07/05/1878, KSA 2, 206.

Der Mensch als Ausnahme der Natur, nun durch die Natur zur Ausnahme geworden, und mit all seinen atavistisch aufkeimenden Wesenszügen in die eigenen vier Wände gezwängt.

Überdies werben Politiker im Ränkespiel um die Gunst des Volkes mit einem «ordnungsgemäßen» Weg aus der Krise und «garantieren» im Wirrwarr um wissenschaftliche Studien, Meinungen und Prognosen des Unkontrollierbaren durch den Anschein eines sicheren Verhaltenskodexes die Überlebenschancen. Generiert in der Pose altväterlicher Zuversicht auf dem «Schlachtfeld» um Todeszahlen und gründlich deutsch gerechnete Zahlenbelege wird das erschreckende Verhängnis zur Mathematikaufgabe, um nur ephemer am Horizont des verzweifelten Treibens um Licht und Sonne zu erscheinen.

Glücklicherweise konnte es zuvor noch gelingen eine ent-personalisierte digitale Welt zu gestalten um die Gesichtslosigkeit sichtbar zu machen und in Algorithmen gepresst die Abstrusität auf dem Schauplatz narzisstischer Selbstvergötterung sich ausgiebig tummelt. Die Grausamkeit dessen, was zur Zeit geschieht ist beispiellos und das Ausmaß erst sichtbar, wenn der Schrecken vorüber ist und unzählige Grabkränze die Erinnerung säumen wie am Tag des «jüngsten Gerichts».

Und danach, wenn in Gedenkfeiern der Toten gewürdigt wird, bleibt alles so oder fängt alles wieder genauso an wie vorher, nur mit der sicheren Erkenntnis vielleicht, dass nichts bleibt wie es war und die menschliche Zerbrechlichkeit nochmal in einem letzten Aufbäumen das rettende Ufer erreichen konnte.

Das Paradoxon: Der Wissenschaft sei Dank.

Überstolzer Europäer des neunzehnten Jahrhunderts,

du rasest!

Dein Wissen vollendet nicht die Natur,

sondern tödtet deine eigene.

Miss nur einmal deine Höhe als Wissender an deiner Tiefe

als Könnender.

(UB II, HL 9; 1, 313)

Thomas Christopherus Pulte

Die Schönheit, das Selbst und die Pandemie

Wenn´s im philosophischen Sinn schön läuft, könnte die derzeitige Pandemie dazu beitragen, das menschliche Naturverständnis neu zur Mitteilung und Sprache zu bringen. Der Naturbegriff hatte sich in der Neuzeit vom Lebens- und Schönheitszusammenhang entkoppelt. These ist, dass eine Vernunfts-Vergessenheit im Raum steht, die nicht als Problem wahrgenommen wird.

Bis heute begnügen sich wissenschaftlich-rationale Verfahren der Moderne mit simplifizierenden Kategorien im Sinne von wahr und falsch. Parallel dazu verfolgen Ethos-Konzeptionen Ziele. Die Lebensanfänge aber, werden vergessen. Um jedoch für namenlos-anonyme Gesellschaften mit sich stetig reduzierenden *face-to-face*-Beziehungen ein vernünftiges Ethos zu begründen, darf Entscheidendes zur Mitteilung und Sprache kommen. Aus evidenzbasiert-verifizierbaren Kategorien allein, lässt sich die Behauptung: «Wissen schafft Bewusstsein, und Bewusstsein schafft Veränderung»,[1] so nicht halten. Die Bezogenheit des Menschen auf die Natur wird nämlich nicht in erster Linie durch die Vernunft geprägt. Die Vereinigung von Spermium und Eizelle lassen den Leib des Menschenkindes durch das Wirken der Natur zwar entstehen. Ob sich der Leib jedoch an einem Freiheitswesen erfreuen darf, oder ob der Leib unter Zwang

[1] Formulierung von Christina Berndt in einem Artikel über Impfungen in Armenvierteln; *Hotspot Armenviertel*, Süddeutsche Zeitung, Bayern, München Nord, München, 4. Mai 2021, S. 2.

und/oder Verzweckung steht, ist im Hinblick auf die daraus resultierende Naturbefreundung versus Naturbefeindung nicht banal. Zumindest in der westlichen Welt,[1] wird das nicht gut wahrgenommen. Dort beanspruchen in mehr und mehr Politikfeldern Emotionen Herrschaft über die Fakten.

Hinsichtlich der ethischen Begründungen politischer, wirtschaftlicher und sozialer Entwürfe einer zu gestaltenden Welt des 21.Jahrhunderts, bedarf es jedoch, für mein Dafürhalten, der Vergegenwärtigung einer Eros- und gattungsgeschichtlichen Vergessenheit. Aus dieser folgert nämlich ein ethisches Dilemma. Für die Befreundung des Selbst mit der kosmopolitischen Natur des Lebens gälte es zu vergegenwärtigen, dass Leben «an und für sich», als ein basales-, aus seinem Anfang fortwährend tragendes und damit ewigliches Geschenk des Kosmos verstanden werden darf. Für eine mögliche-, aber eben auch verunmöglichende Befreundung des Selbst mit dem ewigen Leben ist es von daher entscheidend, ob und wie das «Zur-Welt-Kommen» vonstatten ging. Wurde nur abgenabelt oder ein Selbst «zur Welt» gebracht? Durfte das Selbst eine willkommen-heißende, unbedingte und damit unverzweckte «Um-seiner-selbst-Willen»[2]-Grundangenommenheit als gewährte Freiheit wahrnehmen? Erst dann ließe sich vernünftigerweise überhaupt von einem Selbst sprechen, denn als ein Solches,

---

[1] Beispielsweise vergegenwärtigen die Yanomami im südamerikanischen Regenwald noch einen spirituellen Zusammenhang zwischen der Schönheit ihres Lebensraums und ihren Tätigkeiten darin.

[2] Dahingehend ergänze ich den von Ferdinand von Schirach in: *Jeder Mensch* (München, April 2021) vorgeschlagenen Grundrechte-Artikel 1- Umwelt: «Jeder Mensch hat das Recht, ‹unverzweckt und um seiner selbst Willen› [meine Einfügung], in einer gesunden und geschützten Umwelt zu leben.»

nimmt es aus seinem Lebensanfang an der Schönheit des ewigen, levitationsmäßig sich selbst tragenden Lebens, leibwahrhaftig teil. Dieses tragende Lebensgrundgefühl, als ein zugesprochen Gegönntes, ist wie ein Tanzen mit leichten Füßen, der hinabziehenden Lebensschwere existentieller Verzweckung gleichsam himmlisch enthoben. Ist der Zugang zu der Welt des Schönen jedoch liebesenteignend versperrt, darf durchaus von einer höllischen Grunderfahrung gesprochen werden. Zwischen diesen, zur Beschreibung gebrauchten, geburtsherkünftigen Extrempolen, gibt es freilich *Fifty-Shades-of-* Abstufungen. Daneben gibt es Resilienz-Erfahrungen, die Liebesenteignungen auszugleichen vermögen. Ferner ist für den Leib, neben den Genen, als quasi An- und Ausschalter dieser, die jeweilige epigenetische Methylierung entscheidend. Je nach den transgenerational weitergegebenen Lebensumständen der Ahnen, wird entweder ein empathisches «im-Sein-daheim-sein» oder bei epigenetisch weitergegebenem Stress, ein synaptischer Nicht-Zusammenhang mit dem unsterblichen, kosmopolitischen Leben grundangelegt.[1] Nach welchen Vorerfahrungen wird wohl dem derzeitigen Geno- und Ökozid, beispielsweise in den Weltmeeren und Regenwäldern, empathielos gegenüber gestanden?

Naturbefeindung, in Form von Vergewaltigung und Selbstvergewaltigung, kann mitfühlend erst dann wahrgenommen werden, so meine These, wenn die Bedingungslosigkeit des eigenen Selbstwertes erfahren werden

---

[1] zur Verdeutlichung benenne ich die jeweiligen Extreme.

durfte. Bisherige Verständigungen über Ethos – als einer vom Bewusstsein sittlicher Werte geprägten Gesinnung[1] – blenden das aus. Eine zukunftstaugliche Ethik, die den Anspruch hat, bei der gestaltenden Umsetzung praktischer Vernunft, lebensökonomisch gut beraten zu wollen, sollte genealogische Aspekte mitbedenken. Von daher bedarf es einer **Ethos-Voraussetzungsdiskussion im genealogischen Sinn**. Diese würde zeigen, dass Menschen vielfache Formen von Verzweckung praktizieren. Die Natur selbst kennt jedoch keine Verzweckung. Ferner gälte es, Sündenbock-Riten, Schuldüberstülpungen und daraus resultierende Beschämungs-, Selbstbeschämungs-, Anklage- und Selbstanklagepraktiken erschließend einzubeziehen.

Beispielsweise erschlösse sich dann das Erlösungswunschbild, als Spätfolge einer monotheistischen Fixierung auf einen Heils-Sündenbock. Nur, dass dem zentralperspektivischen Mittelpunkt einer bestimmten Welt, d.h. JHWH, Allah, Jesus oder einem Führer, quasi mit umgekehrtem mathematischen Vorzeichen, anstelle von Sünden, das allumfassende Heil samt Erlösungserwartung aufgelastet wird. Ein Gott, «ein Reich, ein Volk, ein Führer» war die deutsch-desaströse Zeitigung davon.

Auch auf das Virus als den schuldigen Sündenbock der derzeitigen Lebenseinschränkungen zu schauen, ist insofern eingeübte Folge von Zwangsfixierung auf einen Lebensmittelpunkt. Das können z.B. Mutter oder Vater ausgelöst haben, denn auch für das Baby gibt es am Lebensanfang Bretter, die für sein Selbst die Welt bedeuten.

[1] Duden.

Sind es neuronal stabile Bretter, wird ihm Fülle und Schönheit des Seins, durch liebe Blicke und Liebkosung, als tragende Lebenserfahrung mitgeteilt. Leibdurchflutung mit Glücks-Botenstoff findet statt. Schauen das Baby oftmals strafende Augen an, wird der tragende Quell des Lebens verunmöglicht. Solche Menschen tappen, in Wiederholung des ewiglich Gleichen, in immer gleiche Fallen. Aus süchtigem Bewusstsein suchen sie verzweifelt nach Anerkennung und Erfüllung im Außen. Ein Gegenüber soll das dann beispielsweise leisten. Doch das muss scheitern, denn seelische Erfüllung wird aus dem wahrhaft liebesenteigneten Anfang verunmöglicht. Intrinsisches Getragensein fällt aus. Das geliebte Selbst, vernimmt dagegen sein Anfangen-Können aus einem *genitum-non-factum*-Bewusstsein. Als gezeugt-und-nicht-verzweckt-Geschaffenes, kann es wieder und wieder Freiheitsleben zeugen.

Diese Zusammenhänge werden hinsichtlich der politischen, wirtschaftlichen und sozialen Natur vergessen. Die Moderne lehrt, störende Problemursachen, sie aus dem Weg räumend, zu beseitigen. Auf einer linearisierten Zeitachse, die einen Anfang und ein Ende kennt, geht es darum, auf der angepeilten Zielgeraden erfolgreich an und in das Ziel zu gelangen. Fur den Kreis gilt analog das Gleiche. Die Zirkularität der weltlichen Zyklen wird als analoges Raumordnungsstrukturprinzip, im Sinne eines kreisenden Kreisens, aufgefasst. Gemäß unserem Erfahrungshorizont kreisen die Kugeln der Planeten schließlich in immer gleichen, mittlerweile berechenbaren Bahnen um die Sonne. Man glaubte lange, alles drehe sich im Kreisverkehr schlichtweg um die Erde. Dass sie das nicht tun, hat sich herumgesprochen.

Was sich noch nicht herumgesprochen hat, ist die Sichtweise, nach der sich das Leben selbst erinnernd einholen kann. Als Einholungsbewegung ist das Leben eine vergegenwärtigend-erinnernde Beziehungs- und Selbstbeziehungsbewegung, die in der Kreisbewegung ebenfalls gut zur Darstellung kommen kann. So betrachtet, versammelt sich Leben ganz anders und kommt dennoch als Kreisverkehr zu sich. Das Leben erinnert sich in der Vergegenwärtigung des Kreisverkehrs darin als ewiges **Werden aus dem Anfang** neu. Es kann sich somit zeigen, versammeln und zu sich kommen.

> Leben ist also wesentlich eine erinnernde Selbstbeziehungs-Beziehung. Wenn in ihr Selbst nicht bloß verstanden wird als bloßes, eitles Ego, sondern als wahres Selbst, und darin Selbstbeziehung nicht bloß verstanden wird als isoliertes Selbst, abgehoben und weg von allen Anderen und der Welt, dann ist das auch eine Welt-Selbst-Beziehungs-Beziehung[1]

So gesehen darf der Kreis dann so verstanden werden,

> dass die Welt selber und darin auch die Einzelnen nicht einfach ein Ding ist und dann ist es da, als Faktum-fertig-Schluss; sondern der Kosmos ist auch etwas, oder gerade dieses, was sich einholen möchte, um zu sich zu kommen, sich erinnernd zur Erscheinung bringen möchte. Und diese Welt-Selbsterinnerungs- und Einholungsbewegung ist ein Kyklos. Das ist eine ganz andere Vorstellung von Kreis, ein gedanklicher Begriff von Kreis, als nur dieses: Da geschieht nichts Neues unter der Sonne, als immer das Gleiche[2].

---

[1] Eberhard Simons, zitiert aus der Tonaufzeichnung seiner Vorlesungen: 9. Vorlesung, SoSe1994, an der LMU/München zum Thema: *Das kosmopolitische Denken Platons. Die europäische Philosophie und Kulturgeschichte.*
[2] Ebenda.

Es geht darum, dass das «Selber» wirklich es selber wird. Das deutsche Wörtchen «selbst» zeigt das sehr genau an: das sich zu-sich-Kommen, das sich-Einholen, das zur-Gegenwart-Kommen. Diese Bewegung der Selbstwerdung ist die, die das Kreisbild meint. Wenn man es aus dieser Perspektive betrachtet, ist also der Kosmos keine bloß gegenständliche Natur, als eine bloß vorgestellt faktische, sondern es läge eine Naturvorstellung zugrunde, die dramatisch-freiheitlich zu sich kommen will und so sie selbst werden will.

Die Entstehungsgeschichte als Genesis, um die es hier geht, ist nicht eine Genesis des Werdens von hier nach da, sondern ist eine Entstehungsgeschichte aus sich selbst heraus: *Genesis ex genesios*, ein Werden aus dem Werden. Und dieses Werden vermittelt sich eben im Rahmen der schönen oder unschönen Eros-Umstände in der Phase um die Geburt herum.

Infolge des Einflusses, den die jüdische und die christliche Religion auf den westlichen Kulturraum einnehmen, bleibt bislang auch die Sphäre des Säkularen, zielhypnotisch auf einen Erlöser fixiert. Als zweite, kulturelle Natur ist die Erlösungsvision im Unterbewusstsein tiefenverankert. Von frühen Stammesgesellschaften bis heute vermuten Menschen hinter Seuchen einen strafenden Gott. Aber auch unter sich über den Gottesbegriff erhaben und für gebildeter haltenden Menschen starren heute viele wie gebannt auf das evidenzbasierte Sündenbock-Virus das ihre Welt in den Abgrund zieht. Sie sehnen und beten den Erlöser «Impfstoff» herbei. Sich mit Gott als Mittelpunkt verwechselnd, setzt sich so mancher selbst ins Zentrum des Geschehens[1] und unterwirft, aus Mangel an gefühltem Selbst, die gegenständliche Natur. Nicht nur im Sozialismus verseuchte man in Bitterfeld, planzielversessen, die Böden rücksichtslos mit Gift. Das selbstvergessene Selbst spricht der Menschennatur nicht zu, als «schöne Natur» zu sich selbst kommen zu dürfen. Darin liegt die Krux der gattungsgeschichtlichen Vergessenheit und Selbstvergessenheit: Ankommen kann das Bewusstsein über das existentielle Schöne nämlich erst, wenn es ankommen kann. Wo Schönes leibhaftig nicht vermittelt wird, kann es als erotische Kategorie des Politischen, Wirtschaftlichen und Sozialen auch nicht ankommen.

Von daher verklären von dieser Vergessenheit Betroffene die Sündenbock-Eliten auch vorzüglich zu Drahtziehern der Pandemie, denn für viele stellt «Schuld» eine ganz natürliche Grundbestimmung des Seins dar. Sie kennen es nicht anders. Woher sollten sie es auch kennen? Die Beschaffenheit ihrer neuronalen Plastizität wurde ihnen durch Verzweckung und Schuldeinredung frühkindlich überstülpend prä-deformiert. In dem für Gefühle zuständigen Teil des Gehirns, dem limbischen System, werden Lieblosigkeiten, als Dilemma der Verhinderung des Ankommenkönnens des Selbst in der Schönheit, tiefengraviert. Trotz faktisch «unbegangener Untaten» [2] werden die Zellen des beschuldigten, vermeintlichen Schuldleibes für selbstauslöschende Autoimmunerkrankungen, so meine These, als Selbstangriff auf

---

[1] Mangel an zugesprochenem Selbst lässt aus gefühlter Ohnmacht in Verzweiflung Allmachtsgelüste wachsen.

[2] Formulierung Peter Sloterdijks, in: *Die schrecklichen Kinder der Neuzeit*, Berlin, 2015.

das nicht zur Welt gekommene Selbst, diabolisch voreingerichtet.

Es darf sich also herumsprechen, was der Kosmos, bereits immer schon, als sein Ur-Anfangswesen auch der menschlichen Natur vorgibt. Der Mensch kann anfangen, immer wieder aus sich selbst heraus selbstwirksam neu anfangen. Ohne Einweihung, ist die Vernunft nicht in der Lage, diesen Freiheitsakt zu vollziehen. *Sapere aude,*[1] im Sinne eines unkörperlichen Vernunft-Postulats, läuft ins Leere. Unbedingende Liebe muss mitgeteilt werden, damit sie als Erfahrung ankommen kann. Damit verfehlt die von Immanuel Kant postulierte selbstverschuldete Unmündigkeit die Wirklichkeitsbeschreibung. Bei einem pandemiebedingten kategorischen Impf-Imperativ bedarf eine Impfverweigerungshaltung, erwachsen aus Verzweckung und sich ausdrückend als «egomanische Negierung jeglicher Verpflichtung gegenüber der Allgemeinheit»,[2] zunächst einer spiegelneuronal-wirksamen, liebevollen Initiation. Diese Einweihung, in eine österliche Wiederauferstehung des Leibes als mitfühlender Liebesleib, bereits im Diesseits, vermögen Heilands-Menschen zu vermitteln, die ihr gegeben-ewiges Leben in und aus transgenerational gelebter Aufhebung von Raum und Zeit bereits vergegenwärtigen. Sie leben in der Wirklichkeit des Nicht-Eingesperrtseins zwischen Geburt und Tod und verkörpern so freisetzendes kosmopolitisches Freiheitsdasein – Amen!

---

[1] Leitspruch der Aufklärung. Gemäß Immanuel Kant: «Habe den Mut, dich deines eigenen Verstandes zu bedienen.»

[2] Formulierung von Georg Simmel, in: *Immunisierte Gemeinschaften*. Artikel in der SZ vom 28.7.2021, S.11.

Der sehr freie Geist ist

Der Philosoph, wie wir ihn verstehen, wir freien Geister –,

als der Mensch der umfänglichsten Verantwortlichkeit,

der das Gewissen

für die Gesammt-Entwicklung des Menschen hat.

(JGB, 61; 5, 79)

Rüdiger Görner

Also dachte Friedrich Nietzsche

Für den Übermenschen sei der Mensch «ein Gelächter oder eine schmerzliche Scham». (KSA 4, 14) Auch deswegen sei das Menschsein des Menschen zu «überwinden»; also lehrte Zarathustra. Man nennt es: die Geburt des Post-Humanismus aus dem Geist des Übermutes, eine gefährliche Prognose, die Nietzsche seiner Quasi-Prophetenfigur da überantwortet hatte. Ihre Nachwehen sind zu den Phantomschmerzen unserer Zeit geworden; denn unseren Körpern fehlen, übertragen gesprochen – wie auch sonst? – zunehmend Glieder. Wir führen ein Prothesendasein, das zunehmend aus Fremdbestimmungen besteht. Metadaten im Cyberspace bedingen – medienvermittelt – unser Ferngesteuert-Werden. Mit dem Implantat oder Chip als (schon nicht mehr so) neuer Körperzelle hat unsere Automatisierung begonnen. Wir denken weniger nach, als dass wir funktionieren. Unsere Schleimhäute sind Testzonen geworden. Ob wir gesellschafts- und reisefähig sind, entscheidet vielerorts inzwischen der Impfpass. Und die Luca-App speichert, wo wir wann und wie lange etwas zu uns nehmen. Die Tiefe der Welt, von der Nietzsches Zarathustra wusste, ist zum Cyber- und Datenspeicherdschungel geworden. Mag durchaus sein, dass einst die Lust «Ewigkeit» wollte, wie er meinte. Es scheint inzwischen, dass die Lust programmierbar ist, das iPhone als erogene Zone anstatt der Innenseite des Handgelenks. Eine solche ‹Ewigkeit› ist nicht mehr Gegenstand der Lust, sondern Stoff für längst nur zu wirklich gewordene Alpträume.

Wo bleibt da die Sprache? Auf der Strecke? Aber welcher? Buchstäblich hellseherisch schließt Nietzsches *Zarathustra* mit dem Abschnitt «Das Zeichen», was besonders beziehungsreich und bezeichnend erscheint. Das Warten auf ein Zeichen, wobei unbekannt ist, wie es aussehen wird, von wo es kommt, wer es sendet. Dabei sind wir inzwischen immer «auf Sendung», weil unablässig nachverfolgbar ist, wo wir uns aufhalten, was wir sagen, was wir tun, registriert in anonymen Systemen. Nur eines können sie nicht aufzeichnen: den Gehalt unseres [betroffenen] Schweigens. Selbst die Gehirnstrommessung oder Elektroenzephalographie ist noch nicht so weit, dass sie die Inhalte unseres stillen Denkens entziffern kann. Dafür können wir die Gewebestrukturen vollständig abbilden vermittels der Magnetresonanztomographie. Wir haben Begriffe, aber verstehen wir noch, was wir begreifen, ein Wort, das ja einstmals einen haptischen Sinn hatte? Wir warten auf die Metapher für das Ungeheuerliche, was sich vor unser aller Augen abspielt und bei dem wir uns größtenteils zu Statisten haben degradieren lassen, warten wie weiland Marcel Proust auf die Metapher für das damals für ihn Unfassliche: die Relativitätstheorie, um anschaulich sagen zu können, was sich mit großer Mühe (noch) durchschauen lässt.

Derweilen feiert der sprachliche Reduktionismus fröhliche Urständ: Geimpft, getestet, genesen. Drei Gs braucht der Mensch als Minimalvokabular. Auf diesen drei Worten ließe sich ein trinäres Sprachsystem aufbauen, ganz so, wie Leibniz einst binär zu rechnen verstand. Der Impfpass und das Testzertifikat mit beschränkter Gültigkeitsdauer und

fragwürdigem Aussagewert sind die Ausweise der Zukunft. Man lobt sich in diesem Fall die deutsche Sprache, die für das Wort «ausweisen» eine eigene «Ambiguitätstoleranz» kennt...
Falls wir jedoch vor dieser scheingesunden Verbaldreieinigkeit verstummen, empfiehlt es sich, einen Vers des von Nietzsche überaus geschätzten Hölderlin zu bedenken: «Daß, wenn die Stille kehrt, auch eine Sprache sei. »[1] Denn es mag die Zeit kommen, da wir wieder mehr sagen können und müssen als die drei-G-Litanei. Wehe dem, dessen Sprache es dann an Worten gebricht.

Wirkliches Sprechen bedeutet zu jeder Zeit eine Zumutung. Anderen etwas zuzumuten, setzt voraus, dass man von einer prinzipiellen Belastbarkeit des Anderen ausgeht. Nietzsche erprobte diese Belastbarkeit von «Allen und Keinem» vier umfangreiche Bücher lang: Kapitel um Kapitel, Abschnitt um Abschnitt: eine Zumutung nach der anderen, eine sprachliche Dauerfeier der Gegensätzlichkeiten, der extremen Ansichten, der Verkehrungen mythologischer Bilder: «Unverwundbar bin ich allein an meiner Ferse». (KSA 4, 145)

Seit der *Geburt der Tragödie*, den *Unzeitgemäßen Betrachtungen*, seit *Menschliches, Allzumenschliches* und der *Morgenröte* war jedem, der Nietzsche lesen wollte, überdeutlich: dieser Denker war ein Anarch. Und hätte man

[1] Friedrich Hölderlin, *Sämtliche Werke und Briefe*, Drei Bände, Bd. 1: Gedichte, Hrsg. v. Jochen Schmidt, Frankfurt am Main, 1992, S. 341 («Friedensfeier», V. 84).

damals schon seine bis dahin größte Provokation einsehen können: *Über Wahrheit und Lüge im außermoralischen Sinne*, dann wäre deutlich geworden, woher dieser Gedankenanarchismus, der die Moralpastoralen der Zeit zu entzaubern verstand, kam: aus rückhaltloser, aber philologisch genauer Sprachkritik. Im *Zarathustra* wurde sie nahezu paradoxer Weise dadurch manifest, dass er eine neue Art des Sagens vorführte, einen neuen Denk-und Sprechmodus. Denn Zarathustra redet «bei sich» und für sich, hält innere Monologe, die zu öffentlichen oder imaginierten Reden werden, radikale Zeitkritik üben und das im Ton des Verkündens. Bis zuletzt zitierte Nietzsche aus seinem *Zarathustra* und erklärte diese Dauerprovokation zum Leitfaden seines Denkens. Noch heute irritiert diese philosophische Dichtung kritische Gemüter, spaltet die Wirkung Nietzsches, unter Belesenen mit Berufung auf Thomas Mann, dem *Zarathustra* widrig und verwerfungswürdig erschien, einer geistigen Geschmacksverwirrung entstammend. Oder haben wir Anlass, uns neu gerade auf Nietzsches *Zarathustra* zu besinnen in einer Zeit, die unter pandemischen Vorzeichen den Konformismus heiligt, den freien Geist zu lähmen versucht und uns im Namen der Gesundheit entmündigt? Oder sollen wir uns auf das Nietzsche-Wort besinnen, nach dem die Maske das Wahre sei, womit er nicht die mehrlagige medizinische meinte, nicht FFP2, nicht KN95, sondern das Spiel mit Identitäten, die Verbrämung der eigenen Person, die sich auf diese Weise womöglich selbst enteignet?

Nietzsche dachte gegen den Strom, legte seine Sätze quer zu irgendwelchen Tendenzen und Trends. Seine Aphorismen liegen kreuz und quer auf den Wortfeldern: «Auch durch Mauern bläst mein freier Athem, und hinein in Gefängnisse und eingefangene Geister! Wollen befreit: denn Wollen ist Schaffen.» (KSA 4, 258) Diese Sprache liefert den seltenen Fall des Ungebändigten als Form. Sie ist eine Gedankenmusik, die aus Unerhörten besteht, Kritik am Bestehenden bis hin in die Reime des *Prinzen Vogelfrei*.

Auch wenn Zarathustra befindet, es gehöre mehr Mut dazu, «ein Ende zu machen, als einen neuen Vers», wie «Ärzte und Dichter» wissen, so der bezeichnende Zusatz, benötig er vier ganze «Bücher», um schließlich zu einem gültigen «Lied», einem «Rundgesang» zu kommen, dem er eine oft übersehene Überschrift gibt: «Noch ein Mal» (KSA 4, 403) nennt er dieses Gedicht («Oh Mensch! Gieb Acht!... »), eine lyrische Dauerzumutung, die aufhorchen lässt, geschaffen für zum Schein «gehorchende Ohren», eine Verführung zur Ewigkeit wollenden Lust. Immer von Neuem, *once again*, *encore une fois*, noch einmal, soll dieses Lied anheben, das in seinem Grunde eine Kritik des Unbewussten und Bewussten bietet.

Nietzsche mutet uns Zarathustra zu, damit wir erkennen, was Zumutungen sind. Er ist zu skandalösen [Vor-]Urteilen fähig, damit wir erkennen, was die Machart von Vorurteilen ist. Er legt sich gedanklich quer zu den Zeitströmungen, auch weil er weiß, dass kein [Denk-] Gebäude ohne Querbalken Bestand hat.

Der Mensch als ein «Übergang und ein Untergang» – also dekretierte Zarathustra, aber es sagt nicht, was das bedeutet. Wird sich der Mensch selbst zum «Untergang», ist er im Sinne Thomas Bernhards ein zwanghafter «Untergeher», der in der «Morgenröthe» bereits die sinkende, weil verwundete

Sonne sieht? Ein Übergang – aber wohin?
Ins ewig Unbestimmbare?

Nietzsche wollte uns offenbar auf das in einer bestimmten Zeit jeweils Ungeheuerliche vorbereiten. Solche Ungeheuerlichkeiten sind in ihrer Tragweite zwar vergleichbar, aber in ihren jeweiligen Intensitäten und Wirkungsweisen nur schwer nachvollziehbar, weil wir uns nicht eigentlich in die seelischen Zustände und Lebensrealitäten versetzen können, die beim Ausbruch des Ersten Weltkriegs herrschten, während diverser Revolutionen etwa, in der Weltwirtschaftskrise 1929, als zu Un[ter]menschen Erklärte aus ihren Wohnungen gerissen und deportiert wurden, beäugt von deren biedermännischen, je nach Veranlagung lethargisch, angstvoll bis schadenfroh disponierten Nachbarn.

Und heute? Hinter vorgehaltener Hand kursiert das Wort «Volksgesundheit», in dessen Namen staatliche Systeme weltweit sich anschicken, dem Einzelnen seine Grundrechte streitig zu machen, seinen Bewegungsfreiraum einzuschränken. ‹Konsens› sieht sich mit ‹Konformismus› gleichgesetzt. Bis zum haarsträubendsten, weil nicht einmal ansatzweise bewiesenen Satz der letzten Zeit war es da nicht mehr weit: Wer sich nicht impfen lasse, gefährde die Gesundheit anderer.

Wer sich dabei noch vage an Nietzsches Imperativ, «gefährlich leben» (1882) erinnerte, dürfte demnächst zum Systemfeind avancieren. Wer die Vorgaben der getroffenen Maßnahmen kritisiert, gilt neuerdings als radikal «rechts», siehst sich als «Verweigerer» im besten Fall verdächtigt, beargwöhnt, meist sogar denunziert. Kritik mit Verweigerung gleichzusetzen, belegt die Infantilisierung unserer öffentlichen Diskurse. Und dass wir es auch noch zulassen, dass Chaoten gleich welcher Couleurs das Bedeutsame des Querdenkens vereinnahmen, und wir dies auch noch durch die Art der Medienberichterstattung sanktioniert sehen, gehört zu jenen Dingen, die beklagenswerter und beklemmender Weise vorrangig im deutschsprachigen Kulturgebiet wieder möglich sind.

Vielleicht aber ist ja gerade das Nietzsches Erbe, dass alle Orientierungskategorien in beständiger «Umwertung» begriffen sind; dass wir im Jenseits von ‹Wahr› und ‹Falsch› leben müssen; und dass moralisches Verhalten zwangsläufig zum Unding geworden ist. Übrig geblieben sei – nach dem Tod Gottes, so Nietzsche bekanntlich der nackte «Wille». In unserem Fall ist dieser ‚Wille' jedoch verkommen – zum beifälligen, bequemen Ja-Sagen zu scheinbar ‹unvermeidlichen Verordnungen›. Unsere Selbstbestimmung, unsere Selbstverantwortung – wir haben sie in der Garderobe im Theater der meistenteils absurden «Maßnahmen» abgegeben. Überdies: Wer garantiert, wer *kann* oder will überhaupt garantieren, dass die Kontroll- und Überwachungsstrukturen wieder beseitigt werden, wenn die Pandemie sich gelegt hat? Wer haftet für die medizinischen und psychologischen Folgeschäden dieser «Maßnahmen»? Und woran nähmen wir Maß, wenn man von einer «neuen Normalität» mehr faselt als redet, eine Normalität, die sich maskiert hat, vermutlich mit demnächst unsichtbaren Masken?

Noch mehr als ein Umwerter ist Nietzsche ein Denker des Umbruchs gewesen, weil er in Fragmenten dachte, in geschliffenen Bruchstücken, deren Kanten einschneidend sein wollten und es meist auch geblieben sind: provokativ, skandalös, verletzend. Zuweilen bieten die aphoristischen Bruchstücke selbst Schnittflächen; sie sind wie zum Ausgleiten poliert («Für Tänzer glattes Eis. Ein Paradeis. Für den, der gut zu tanzen weiß», KSA 3, 356), dann wieder aufgerauht, aufgehäuft, bis sie erratischen Blöcken gleichen, obwohl sie beweglich bleiben, dabei auf biegsame Weise in sich gegründet, unverrückbar scheinend und doch oszillierend. Wesentlich jedoch: Nietzsche *wurde* zum Fragmentariker. Bis zu den *Unzeitgemäßen Betrachtungen* lag ihm an nach außen hin erkennbar kohärenten Texten. Danach erschienen ihm Aphorismus und Fragment als die einzig möglichen Formen des Kohärenten. Nietzsche erkannte im Zusammenhanglosen, Verstreuten, in den «Pfeilen» den Zusammenhang der Zukunft. Hinzu kam die Lust am drastisch Extremen, Widersprüchlichen und subtil Zweideutigen. Der Mensch war für Nietzsche nur als ein widersprüchliches Wesen vorstellbar. Dem Vers seines Zeitgenossen, Conrad Ferdinand Meyer: «Ich bin kein ausgeklügelt Buch. Ich bin ein Mensch mit seinem Widerspruch»,[1] hätte er vollauf zugestimmt, nur dass er vermutlich «mit» durch «in» ersetzt hätte.

Nein, Nietzsche ist kein «Modellfall» für avanciertes Denken; er steht für sich, als Solitär. Und doch: Seine Art, vermeintliche Kausalitäten in ihrer konstruierten

---

[1] Conrad Ferdinand Meyer, *Sämtliche Werke* in zwei Bänden, Bd. 2, Hrsg. v. Hans Zeller und Alfred Zäch, München, 1968, S. 372-373.

Scheinhaftigkeit bloßzustellen und zu zeigen, wie der Mensch fremdbestimmt, sprich: manipuliert wird, wenn er sein eigenes Urteilsvermögen, gepaart mit gesundem Instinkt, aufgibt, diese Art ist vorbildlich geblieben. Es geht folglich nicht darum, bei Nietzsche nachzuschlagen, um Antworten auf unsere pandemische Krisensituation zu finden. Eher lässt sich von seiner Denkmethode lernen, scheinbar Eindeutiges als prinzipiell mehrdeutig anzusehen und in der Zwei- bis Mehrdeutigkeit leben zu lernen, ungeahnte Perspektiven zu gewinnen und eine sogenannte ‹Alternativlosigkeit› nie gelten zu lassen.

– dass Denken gelernt sein will, wie Tanzen gelernt sein will, als eine Art Tanzen …

(GD 8, Deutsche 7; 6, 109)

Reinhard Knodt

Die Verdunkelung des Giorgio Agamben - Eine nachgetragene Antwort

Hinweis: Am 7.4. 2020 veröffentlichte Giorgio Agamben in der *Neuen Züricher Zeitung* einen Artikel, der sich mit den politischen Folgen der Coronakrise beschäftigte. Die kursiven Passagen dieses Aufsatzes sind der ungekürzte Originaltext Agambens. Die Antwort auf diesen Artikel wurde einige Tage später verfasst, dann aber zurückgehalten. Dass der Artikel Agambens nun über ein Jahr später dennoch in einem neuen Corona-Sammelband erscheint,[1] ist der Anlass, die für damals gedachte Antwort jetzt doch an die Öffentlichkeit zu bringen.

Giorgio Agamben (7.4. 2020):

> *..... Ich denke, der Leser, der sich anschickt, über die folgenden Punkte nachzudenken, kann nicht anders, als zuzustimmen, dass die Schwelle, welche die Menschlichkeit von der Barbarei trennt, überschritten wurde. Und zwar, ohne dass man dies bemerkt hätte oder indem man so tat, als würde man es nicht bemerken. - Drei Punkte: Der erste und vielleicht schwerwiegendste Punkt betrifft die Körper der toten Personen. Wie konnten wir nur im Namen eines Risikos, das wir nicht näher zu bestimmen vermochten, hinnehmen, dass die uns lieben Menschen und überhaupt alle Menschen in den meisten Fällen nicht nur einsam sterben mussten, sondern dass ihre Leichen verbrannt wurden, ohne bestattet zu werden? Dies ist in*

1 Giorgio Agamben, *An welchem Punkt stehen wir?* Federica Romanini, Übers., Wien (Turia +Kant), 2021.

der Geschichte von der mythischen griechischen Königstochter Antigone bis heute nie geschehen.

Kommentar:
Antigone ist jenes Drama, in dem ein Toter (der Empörer gegen Theben) nicht begraben werden darf und eine Lebende (Antigone) in einem Grab eingesperrt wird. Ob man die aus der schieren Anzahl der Toten stammende Notmaßnahmen der italienischen Regierung mit einer Massnahme zur verächtlichen Abstrafung eines Toten im antiken Drama vergleichen sollte, ist zu bezweifeln. Man sollte es nicht tun, auch wenn man ein namhafter Philosoph ist. Und historisch blind ist die Behauptung, es würde in Italien durch die schnelle Verbrennung der Toten (erstmalig «seit Antigone»?) zur Begräbnisverweigerung ähnlich derjenigen in Antigone gekommen sein. Wer die Geschichte der Seuchen auch nur überfliegt, (neuerdings von Harari wieder überblicksweise geschildert), weiß, dass weltgeschichtlich gesehen alle fünf - sechs Generationen die Leichen einer Epidemie auf Haufen lagen und verwesten oder in Massen verbrannt werden mussten. Und es geschah noch Schlimmeres. Man spannte die Körper auf Wurfgeschosse und schleuderte sie in feindliche Lager, man stopfte Türme mit ihnen voll und mauerte diese zu. Man versuchte sie, zu verbrennen aber es waren ihrer zu viele, so dass man sie einfach in die Flüsse warf. In England schrumpfte die Bevölkerung im 14 Jh. solchermaßen von 3,7 auf 2,2 Millionen, während man staatlicherseits neben den Verbrennungsorgien im Wesentlichen Massengebete organisierte. «Erstmals seit Antigone»?

Agamben:

> *Wir haben bedenkenlos hingenommen, wiederum nur im Namen eines nicht näher zu bestimmenden Risikos, dass unsere Bewegungsfreiheit in einem Ausmaß eingeschränkt wurde, wie dies zuvor nie in unserem Land geschah, nicht einmal während der beiden Weltkriege (die Ausgangssperre galt damals für bestimmte Stunden). Wir haben also hingenommen, im Namen eines nicht näher zu bestimmenden Risikos die Pflege unserer Freundschafts- und Liebesbeziehungen einzustellen, weil unser Nächster zu einer möglichen Ansteckungsquelle wurde.*

Kommentar:
«Nicht näher zu bestimmendes Risiko»? – «Nicht einmal während der beiden Weltkriege»? Ich gebe zu, vergleichsweise schlechter informiert zu sein als Agamben, aber das «Kriegsrecht» und die Einschränkung der bürgerlichen Freiheiten im Zeitalter der Diktaturen erscheinen mir doch unvergleichlich größer. Die «Bürgerlichen Freiheiten» selber waren durch die Diktatur als Maßnamestaat verschwunden. Kaum Reisefreiheit, Passkontrollen über Jahre in jedem Zugabteil, an jedem Bahnhof. Wohnortwechsel: keine Chance! Tanz- und Vergnügungsverbote über JAHRE, Gefängnis für Kritik, Todesstrafe für Flugblattverteilen, Ghettos, Lager, Mord – und Totschlag. ... Giorgio Agambens Behauptung ist also auch in dieser Hinsicht eine bestenfalls pressewirksame ansonsten aber unerträgliche rhetorische Übertreibung. Man fragt sich, woher ihre Panik stammt – oder soll die Übertreibung Panik auslösen? Und bei wem und mit welchem Ziel?

Agamben:

> *Dies konnte geschehen – und hier berühren wir die Wurzel des Phänomens –, weil wir die Einheit unserer Lebenserfahrung, die immer zugleich körperlich und geistig ist, in eine bloß biologische*

> *Einheit einerseits und in ein affektives und kulturelles Leben anderseits aufgespalten haben. Der Philosoph und Theologe Ivan Illich hat gezeigt, welche Verantwortung der modernen Medizin in dieser Spaltung zukommt. Sie scheint sich von selbst zu verstehen, in Wirklichkeit ist sie aber die größte aller Abstraktionen. Ich weiss, dass diese Abstraktion von der modernen Wissenschaft durch Wiederbelebungs-Apparate erreicht wurde, die einen Körper in einem Zustand des vegetativen Lebens zu erhalten vermögen.*

Kommentar:

Nicht die Apparatemedizin hat den Menschen in ein Lebewesen (*zoe*) und einen sozialen Menschen (*bios politicos*) aufgespalten, sondern Aristoteles, und zwar begrifflich, was auch sehr nützlich war. Mit der Zeit hat sich nämlich eine Berufsschicht gebildet, die den Menschen als «*zoe*» am Leben hält, auch wenn er vorübergehend nicht mehr als *bios politicos* wirken kann – («ohne Ansehung der Person, wie es im Hypokratischen Eid heißt»). Das betrachten wir als Fortschritt. Ivan Illich hatte die Trennung seinerzeit angegriffen, weil er den technisch medizinischen Komplex als Zerstörer der «Convivialität» ansah. (Ein durch das Viertel brausender Notarztwagen, so Illich, verhindere, dass wir nachbarschaftliche Beziehungen zu alten Menschen pflegen, von denen wir wissen, dass sie krank sind). Der Verfasser dieser Zeilen hat einige Monate in Ivan Illichs Wohngemeinschaft in Pennsylvania State gelebt und auch eine seiner diesbezüglichen Stubenpredigten bei Barbara Duden in Bremen gehört. Illich hatte mit Sicherheit eigenwillige Thesen zur modernen Apparate-Medizin und ließ nicht einmal sein eigenes Krebsleiden behandeln. Aber er hätte nie eine Pandemieverordnung mit der Nazidiktatur verglichen, das blieb Agamben vorbehalten. Illich hätte sie womöglich als dringenden Anlass zum verstärkten Convivialitätsgebot gesehen und empfohlen mehr Fahrrad zu fahren, aufs Auto zu verzichten, im Viertel zu bleiben und dem Nachbarn von der Risikogruppe anzubieten, ihm was aus dem Supermarkt mitzubringen – was hier in Berlin übrigens vielfach geschehen ist. Illich hatte ein philosophisches, bzw. technikkritisches Argument. Der politisch philosophierende Jurist Agamben macht daraus eine biopolitische Diktatur.

Agamben:

> *Aber wenn sich dieser Zustand – diese Bedingung – über die ihm eigenen räumlichen und zeitlichen Grenzen hinaus ausdehnt, wie man dies heute zu tun versucht, und wenn er zu einer Art Prinzip des sozialen Verhaltens wird, dann gerät man in Widersprüche, aus denen es keinen Ausweg gibt. Ich weiss, dass nun manche gleich antworten werden, beim derzeit geltenden Regime handle es sich um einen zeitlich begrenzten Zustand, nach dessen Ablaufen alles wieder sein werde wie zuvor. Es ist wirklich einmalig, dass man dies wider besseres Wissen dauernd wiederholt. Denn dieselben Behörden, die den Notstand ausgerufen haben, erinnern uns ständig daran, dass dieselben Weisungen auch nach dem Ende des Notstands zu befolgen seien und dass das Social Distancing – wie man es in einem vielsagenden Euphemismus nennt – das neue Organisationsprinzip der Gesellschaft darstelle. Und dass das, was man – guten Glaubens oder wider besseres Wissen – zu ertragen akzeptiert hat, nicht rückgängig gemacht werden könne.*

Kommentar:

Das «*Social Distancing*» soll in Zukunft das neue Organisationsprinzip der Gesellschaft darstellen oder auch nur von irgend jemandem angestrebt sein? Wir werden alle einsame Gestalten an Zoom-Computern sein und einander nur in Ausnahmefällen sehen? Dagegen sei gesetzt: Weniger Betäubung schadet nicht. Wir treiben es sowieso zu bunt, das ahnen wir, sobald wir die von jugendlichen Vielfliegern verstopften Terminals der neuen Riesenflughäfen erleben.

Ansonsten sind wir in der Masse eben keine Meditativen, sondern Bedürftige und Begierige. Das heißt: Autosalons und Bordelle, Spielbanken, Automatencasinos, Hundepensionen, Tanzlokale, Wellness und Wochenend-*retreats* mit Yoga für frustrierte Hausfrauen ... Wir werden darauf zurückkommen. Wir werden unser Familienhündchen in der Hundepension abgeben, Papas SUV und Mamas Zweitwagen stehenlassen und mit den Kindern über eine Woche sechstausend Kilometer weit fliegen, und dort einen neuen SUV mieten, damit die Mama in Ruhe schoppen und der Papa mit den Kindern in Ruhe ein Eis essen kann, denn wir sind f r e i ! Das ist, wie wir uns selber weiszumachen suchen, ja wohl «unsere Art zu leben». Die Masse der geistigen Mittelständler und Modeinspirierten unserer Zeit betrachtet das als Ziel und den Rest der Menschheit als *looser*! – Und auch die anderen Formen des Wahns unserer vorgeblichen Freiheit werden wir wieder aufnehmen, denn die Hotels und *Whirlpools* wollen benutzt sein und die Kinder wollen surfen und wir haben uns das Geld für unsere Wahnsinns-*Tripps* ja auch mit einer geradezu wahnsinnigen gemeinsamen Anstrengung verdient, während wir die Autostaus vergrößerten und die neue Schrankwand kauften. Und wir werden auch bald wieder mit schwerem Gerät Alpenpisten hinauffahren und auf Skiern hinunterrasen und wir werden in einem Spezialrestaurant ein Vermögen für eine Schale Reis ausgeben – weil, ja vielleicht nur weil wir eine Reservierung ergattern konnten, die unser *Renommee* bei irgendwelchen Freunden vergrößern konnte.

Ja, das werden wir alles wieder tun. Ganz sicher! Und abends gehen die einen dann in die Philharmonie – soweit sie Musik- und Kultursehnsucht haben, und die anderen sitzen beim Fernsehen oder im Stadion. – Nein, Giorgio Agamben! Es wird ganz sicher eine Rückkehr geben, zu unseren skurrilen und wahnhaften Lebensinhalten, die wir ironischerweise «unsere Freiheit» nennen. Kontemplative gibt es einfach zu wenig und die sind, wie schon Nietzsche sagte, wahrscheinlich nicht besonders gesund. An den Meisten zeigt sich dagegen, dass der Mensch ein Affentier ist, das nach Gutdünken in Baumkronen umherspringt und gelegentlich - von der einen oder anderen Panik getrieben – ein wenig schneller umherspringt – Nichts sonst. - Ob das Umherspringen eher in Gedanken oder technikgestützt geschieht – ist kein wesentlicher Unterschied, und stillsitzen können wir nicht. Goethe sprach einmal von der Welt als dem künftigen großen humanen Hospital, in dem der eine der Arzt des anderen sei. Nietzsche sprach im gleichen Sinne vom Ethos des letzten Menschen. Das waren noch Entwürfte! Agamben spricht statt dessen von der zu vermeidenden Gesundheitsdiktatur und der Freiheit. –

Vielleicht sollte man – viel einfacher – lieber vom erträglichen Leben sprechen, von Leidfreiheit und Freundschaft, statt die These zu verbreiten, dass die Quarantänevorschriften auf der Zielgerade der biopolitischen Zweckgesellschaft und des reduzierten Leibes liegen. – Agamben möchte nicht ungetröstet sterben und anonym verbrannt werden. Wer will das schon! Muss man aber deswegen Ivan Illich in Richtung Apokalypse dehnen? Der Verfasser dieser Zeilen ist auch ein alter weisser Mann und er würde auch gern Agamben trösten und ihm sagen, dass der Sterbende besser die anderen trösten soll, vor allem, wenn er Philosoph sein will. Und ist es nicht auch wirklich ein Trost, dass jeden Tag neue, lebendige, unerfahrene und lebenshungrige

Menschen auf die Welt kommen, um die fragwürdigen Alltagsübungen unserer Kultur weiter zu betreiben? Es gibt sie tausendfach. Sie sind gesünder als Wir beide. Sie freuen sich des Daseins. Sie lieben dies und das und vor allem sich, und sie werden allerlei verrückte Dinge machen. Sie werden sich am Ende nicht mal alle impfen lassen und dennoch begleitet von den berühmten drei K's sterben – Kriege, Krankheiten und Katastrophen.

Bleiben wir gelassen! Lebend kommt hier keiner raus! – «Der Staat zieht die Samthandschuhe aus», meinte neulich auch ein anderer wortmächtiger Interpret des Politischen, der früher vielleicht schon mal weiter war, als er noch *Sanayasin Peter* hiess. Philosophen sollten Weisheit um sich zu verbreiten suchen. Eine Atmosphäre der Mäßigung und nicht die der Panik, die lassen wir den Oratoren.

Agamben:

> *Was ist mit der Kirche? Da ich an die Verantwortung von uns allen erinnert habe, komme ich hier nicht umhin, die noch schlimmere Verantwortung derjenigen zu erwähnen, die die Aufgabe gehabt hätten, über die Würde des Menschen zu wachen. Vor allem die Kirche, die – indem sie sich zur Magd der Wissenschaft gemacht hat, welche mittlerweile zur neuen Religion unserer Zeit geworden ist – ihre wesentlichen Prinzipien radikal verleugnet. - Die Kirche unter einem Papst, der sich Franziskus nennt, hat vergessen, dass Franziskus die Leprakranken umarmte. Sie hat vergessen, dass eines der Werke der Barmherzigkeit darin besteht, die Kranken zu besuchen. Sie hat vergessen, dass die Martyrien die Bereitschaft lehren, eher das Leben als den Glauben zu opfern, und dass auf den eigenen Nächsten zu verzichten bedeutet, auf den Glauben zu verzichten.*

Kommentar:

Ich würde Giorgio Agamben nicht empfehlen, ungeimpft Coronakranke zu umarmen, so wie er es dem Papst empfiehlt. Vielleicht erkennt er sonst nicht nur begrifflich, sondern auch am Phänomen der eigenen Leiblichkeit, inwiefern es vielleicht doch sinnvoll war, sie abzusondern und die Bevölkerung mit Polizeigewalt in Sicherheitsabstand zu bringen, der *grosso modo* übrigens doch verstanden wird. Ansonsten verkündet der Philosoph, den ich nach wie vor bewundere: wer seine Überzeugungen nicht über das Leben stelle, sei kein echter Kirchenmann. Dazu ist zu sagen: Wer solches fordert, der soll selber springen und könnte dann ja auch ganz unspektakulär den einen oder anderen Freund umarmen. Die Kirche hat ansonsten in vielen Weltteilen noch gewisse Aufgaben, «sinnvolles Leben heute» zu organisieren, denn nicht jede Weltregion ist den Segnungen des Westens gleichermaßen nah. Sie geht dabei als Macht zweiter Ordnung ohne Scheiterhaufen und Kirchenbann womöglich erfolgreicher vor als die Verfechter der neokolonialen Verteidiger der Freiheit anderswo.

Agamben:

> *Warum schweigen die Juristen?*
> *Eine andere Kategorie von Leuten, die ihren Aufgaben nicht mehr gerecht zu werden vermögen, sind die Juristen. Wir sind seit geraumer Zeit an den leichtfertigen Gebrauch von Notverordnungen gewöhnt, durch die sich die Exekutivgewalt de facto an die Stelle der Legislativgewalt setzt und damit jenes Prinzip der Gewaltenteilung aushebelt, das die Demokratie definiert. Doch in diesem Fall wurde jede Grenze überschritten, und man hat den Eindruck, dass die Worte des Ministerpräsidenten und des Chefs des Zivilschutzes unmittelbare Gesetzkraft haben, wie man dies einst von den Worten des Führers sagte. Und man sieht nicht, wie entgegen allen Ankündigungen die Einschränkungen der Freiheit – nach Ablauf der zeitlichen Gültigkeit der Notstandsverordnungen – aufrechterhalten*

werden können. Mit welchen juristischen Mitteln? Mit einem ständigen Ausnahmezustand? Es ist die Aufgabe der Juristen, darüber zu wachen, dass die Regeln der Verfassung eingehalten werden, doch die Juristen schweigen. Quare siletis iuristae in munere vestro? (Warum schweigt ihr, Juristen, wenn es um eure Aufgabe geht?) Ich weiss, dass es immer Leute geben wird, die sich erheben und antworten werden: Das durchaus schwere Opfer sei im Namen moralischer Prinzipien dargebracht worden. Sie möchte ich daran erinnern, dass Adolf Eichmann – offensichtlich in gutem Glauben («buona fede») – nicht zu wiederholen aufhörte, dass er, was er getan hatte, aufgrund seines Gewissens getan habe, um dem zu genügen, was er für die Gebote der kantischen Moral hielt.

Kommentar:
«Notverordnungen»? Anspielungen auf Führerbefehl und Eichmann, Angriffskrieg und Judenmord als schier *rancune*-artiges Beschreibungsäquivalent dessen, was heute zum Schutz der Bevölkerung angeordnet wird...? Da fragt man sich einen Moment lang unwillkürlich, ob wir uns hier noch in einem seriösen Feuilleton bewegen, oder schon irgendwo im Sub-Parterre, wo Ressentiment die Identität bildet. Dass der Ausnahmezustand eine Methode des Regierens sein kann (Carl Schmitt) kann durch den «Maßnahmestaat» des Dritten Reiches belegt werden aber doch nicht durch Hygienevorschriften. Und die Kunst, aus Ausnahmezuständen immer wieder in die «Normalität» zurück zu finden und die Gesetze zu beachten, ist ja die längst bewiesene Stärke der Europäischen Systeme, so dass es hier eben seit zwei Generationen ohne Geheimpolizei, Gefängnisse für Andersdenkende und Todesstrafe für Flugblattverteiler abgegangen ist, ja, dass die Anordnungen der Pandemiepolitik sogar juristisch durchbrochen werden können, wie in Hamburg geschehen als ein Möbelhaus öffnen durfte, weil es

grundsätzlich keinen Unterschied zwischen Auto- und Möbelhäusern gibt. Auch werden die Regeln selbst in «strengen» Bundesstaaten vergleichsweise *leger* gehandhabt und sind mit Sicherheit keine Intrige der Mächtigen im Verbund mit der Presse, um am Ende den *homo sacer* zu vernichten. All das scheint bei einem unaufgeregten Blick in diese Zeit jedenfalls kenntlich. Es mag in Deutschland weniger schlimm sein als in Italien, aber deswegen herrscht in Italien doch nicht Mussolini.

Agamben:

> *Eine Norm, die besagt, dass man auf das Gute verzichten müsse, um das Gute zu retten, ist ebenso falsch wie die, welche verlangt, dass man auf die Freiheit verzichten müsse, um die Freiheit zu retten.*

Kommentar:
Dieser Satz wurde bekannt durch Camus, der ihn gegen Sartre in öffentlicher Diskussion sprach, als dieser in den sechziger Jahren den Stalinismus rechtfertigen wollte. – Er ist zu unterschreiben, aber er folgt nicht aus dem, was Agamben schreibt, weder der Intention noch dem Bedeutungsumfang nach. Der Philosoph des Homo sacer hätte diesen Satz lieber an den Anfang seines Artikels geschrieben und aus ihm gefolgert, statt ihn zuletzt wie ein philosophisches Trost-Pflaster auf die Wunde seiner gar nicht philosophischen Panik-Einlassungen zu heften. Mit seinen Äusserungen gehört der große Agamben nun auch zu den Eiferern und journalistischen Obenschwimmern der Pandemiekrise und man mag es ihm verzeihen, weil er eben auch Großes zu sagen wusste – zum Genius etwa, der, wie wir wissen sich gelegentlich auch «verdunkeln» kann.

Ah, wie schwer sind doch die Mitmenschen zu verdauen

(FW, 364; 3, 612)

Harald Seubert

Der Philosoph als Arzt der Seelenkultur: Ein Blick auf Nietzsche im Corona-Zwielicht

Die Pandemiesituation hat seit März 2020 eine tiefe Misere verbreitet. Ein Depressionsschleier legte sich über Europa und die gesamte globale Welt. Vorübergehenden Genesungsschüben folgen meist neue, tiefergehende Krankheitsphasen. Die gängigen ökonomisch politischen Versuche des Umgangs mit einer Krankheit, die die globale Welt im Ganzen betrifft, unter der verschiedene Weltteile aber in sehr unterschiedlicher Weise leiden, bedienen sich der expertokratischen Kalküle und der Muster angewandter Ethik. Diese Situation ist Symbol für eine gleichermaßen tief gespaltene und doch untrennbar verflochtene Welt.

Es ist unbestritten, dass technokratisch-medikale und pragmatische Schritte für die Behandlung der Symptome prima facie unerlässlich waren und bleiben werden. Ebenso klar ist aber, dass die Fixierungen auf solche Einzelblickpunkte stets Verengungen und Sinnentleerungen zurücklassen: Ein konstitutives Momentum der Moderne, das Nietzsche als einer der ersten ins Auge fasste. Deshalb könnte es notwendig sein, in der mit Modifizierungen noch andauernden Lage, einen Blick auf die Weiten, Höhen und Tiefen seines Denkens zu werfen. Die derzeitige Situation nötigt auch, im Anschluss an Nietzsche nach der Tiefengrammatik von Gesundheit und Krankheit zu fragen. Nietzsche griff destruierend und neu formierend, neu dichtend in diese Dimension aus.

Der von Nietzsche beleuchtete Lebensrhythmus zwischen den Polaritäten von Gesundheit und Krankheit ist während der Covid-Pandemie zu einer umfassenden Grunderfahrung geworden. Die Krankheit wird Grundzustand, Ausdruck des ominösen Umgangs mit einer sogenannten «anderen Normalität». Mutanten wechseln einander ab und lähmen allein durch die Bedrohung, die medial verstärkrt wird und in zerreißende Debatten führt.

Jäh hat die Pandemie eine Krise der großen, letzten Ziele jener von Nietzsche bereits diagnostizierten Zivilisation des «rasenden» spätzeitlichen Europäers sichtbar gemacht und an die Grenze der Zivilisations- und Libertätsträume geführt. Die von Nietzsche als einem der Ersten wachgerufene Nemesis als Geschehen am Grund wird unter den Vorzeichen einer bislang ungekannten Pathologie wieder sichtbar, ein tragischer Knoten, in den das Leben verstrickt ist und dessen Nicht-Existenz die klugen Tiere sich nur eingeredet haben.

Prima facie sind es Nietzschesche Symptomatologien und Kulturdiagnosen, die eine neue Aktualität gewinnen: Die Pandemie macht vor dem Auseinanderbrechen des physischen Überlebens einerseits und des guten, sinnhaften Lebens andrerseits wie es sinnfällig angesichts der Triagen und der Kluft zwischen Überleben und menschlichem Leben, vor allem von Giorgio Agamben diagnostiziert wurde,[1] unbarmherzig sichtbar, wie Menschen zu letzten Menschen werden können, die in einem ihnen nicht bekömmlichen All alleine segeln und mit etwas Gift für ihr Leben und etwas mehr Gift für ihr Sterben

---

[1] Vgl. dazu auch H. Seubert, *In Corona verstrickt. Aus dem ABC der Gegenwart*, mit Bildern von Andreas Junge, Privatdruck Köln 2021.

existieren müssen. Auch die Bemühungen um soziale Abfederung und Mildtätigkeit werden vor der präzisen Durchleuchtung eines Nietzscheschen Blicks kaum Bestand haben. Sie manifestieren das Festhalten an Paradigmen einer Mitleidsethik, die aber jederzeit in Unfreiheit umschlägt. Nicht zuletzt werden darin alle Pathologien des «Menschen in der Partei» sichtbar, der sich seiner Verantwortung dadurch zu entziehen sucht, dass jeder einem anderen folgt und sein eigenes Denken suspendiert. Da dies potentiell jeder Mensch in der Partei tut, ist damit alle Verantwortung suspendiert.

Einer Moralgenealogie in der Art von Nietzsches allem Freudianismus vorausgehendem ätzend ehrlichen Zugriffs bedarf es gerade in dieser Situation, zumal sie in den «Diskursen» und Talkshowdebatten fehlt: Einer Redlichkeit mit den eigenen Redlichkeiten und tapferen sinnklaren Wahrnehmung der Irrtümer.

Angesichts einer nicht Schuld zuweisenden und zugleich klaren Genealogie des Umgangs mit der globalen Krise bedarf es eines Erwachens, das das Maß zwischen Erinnern und Vergessen findet. Die Aussage des deutschen Gesundheitsministers, «wir» würden uns viel zu verzeihen haben, betrifft nicht nur das Gesundheitsregime einzelner Staaten, sondern auch und zumal die weltweiten Verwerfungen.

Nietzsche und diejenigen, die seiner genealogisch-kritischen Methode weiter folgten wie Foucault[1] oder

---

[1]M. Foucault, *Le Gouvernement de soi et des autres: le courage de la vérité* (1983–1984) – (Der Mut zur Wahrheit. Die Regierung des Selbst und der anderen II. Aus dem Französischen von Jürgen Schröder. Frankfurt am Main, 2010).

Agamben[1] sind die Autoren der Stunde. Die Normativisten die in einer idealistischen spätaufklärerischen Attitude für eine vermeintlich diskursive Öffentlichkeit votieren und deren Rayon von Kant bis Habermas reicht, sind es nicht. Die Differenz zwischen der Formulierung reiner, idealistischen Maximen und dem sich fortsetzenden epidemischen Weltlauf klafft tiefer auf. Die Hegelianische Attitude, diese Zeit in Gedanken zu erfassen, dürfte an Kontingenzen und Irrationalitäten im Umgang mit einem Naturprozess scheitern.

Normative Konzepte führen derzeit immer wieder ins Off, nicht nur, weil ihre Erwartungen an diskursive Ausgleichsstrategien in den Wirbeln der Pandemiekrise massiv versagen. Sondern auch weil sie keine Vision, keinen Weg ins Offene, keine apollinisch-dionysische Doppelperspektive in gelebtes Leben oder in jene Parrhesia der Selbstverantwortung zeigen, auf die gerade der späte Foucault sein Augenmerk richtete.[2] In deprimierten Grundsituationen käme es auch darauf an, Visionen des richtigen Lebens im falschen anzudeuten und Adornos Aussage zu widerlegen, dass es das eben nicht geben könne. Auf allen Ebenen des Lebens zeigte die Verstrickung in die Corona-Welten, dass die starken Dimensionen gemeinsamen Lebens, Fest und Emphase fehlen und dass ohne sie dem korrespondierenden Umgang gemeinsamen Lebens ein existentieller Mangel herrscht. Nietzsche gibt auf die Problematik bereits am Ende der *Geburt der Tragödie* einen bedenkenswerten Ausblick. Die apollinische Form mit ihrer vorübergehenden Strukturierung kann sich nur

---

[1] G. Agamben, *An welchem Punkt stehen wir? Die Epidemie als Politik*, Wien, 2021.

[2] M. Foucault, *Die Sorge um sich*, Frankfurt/Main, 1986.

ausbilden, wenn auch der anderen Gottheit gehuldigt wird, die bis in die Gestalt-auflösende Ekstase hinein das Spiel der Daseinsmächte entfaltet. Sie steht im tragischen Zeitalter der Griechen bekanntlich unter dem Namen des Dionysos. Eine «andere Normalität», die ihre Gesundheitsprogramme nur durch Konditionierung, Isolierung und Atomisierung bewirkt, würde also – frei nach Karl Kraus – selbst zum Teil der Krankheit werden, deren Heilung zu sein sie verspricht. Selbstsorge kann aber zur eigentlichen Norm werden.

Mit solchen Überlegungen bewegt man sich ganz in einem Nietzscheschen Kraftfeld, das allerdings eine große Reichweite umfasst: Von der differenzierten Beachtung der nächsten Dinge, die den «Kothurn des Gefühls» verlässt, bis zu den dionysischen Ekstasen der antiken Tragödie.[1] Die Nähe zu den nächsten Dingen, die sich nicht in eine Hinterwelt flüchtet, ist beiden gemeinsam, die Ahnung eines ungefilterten am-Leben-Seins, in das man nur in einem jeweiligen Hier und Jetzt eintreten kann. Eng verbunden ist dies mit der Perspektive auf eine diätetisch durchstimmte «große Gesundheit», mit der Nietzsche bereits in den wesentlichen Zügen der Sorge um sich vorwegnimmt, der Michel Foucault später Artikulation gab. Diese Sorge um sich ist nicht an Konventionen gebunden. Sie sucht gerade nicht nach einem technizistischen Ideal eines vollständigen «*Well-Being*». Vielmehr ist sie gerade die Kunst, mit Schmerz und Krankheit zu leben und das Balancement von der Krankheit zur Gesundheit jeweils neu als Lebensform zu

---

[1] F. Nietzsche, *Die Geburt der Tragödie aus dem Geist der Musik*, KSA 1, München, 1980, S. 7 ff. mit allen damit zusammenhängenden Fragen.

gewinnen. Nietzsches aufmerkendes Mitgehen mit der großen Vernunft des Leibes könnte ein Desiderat angesichts der Gewissheitserschütterungen in der jüngsten Pandemie-Krise bedeuten. So betont Nietzsche auch, dass jeder Mensch seine nur ihm bekömmliche Gesundheit habe und dass er nur unter großer Gefahr von ihr abweicht.

Nietzsche, in vielfacher Hinsicht, der Anti-Platoniker schlechthin, schlägt damit den Bogen zu der Platonisch-sokratischen Metaphorik des Philosophen als Arzt der Polis zurück. Bei Nietzsche sollte man freilich weniger von der Polis, als der «Cultur» im ganzen sprechen, die immer von den Kraftfeldern der Kunst ausgeht. Die Antike unterschied deshalb sehr anspielungsreich den Sklavenarzt, der nur Vorschriften dekretiert und dem Arzt für freie Menschen, der in gewisser Weise immer Philosoph gewesen sein, die Krankheit, von der er befreien will, kennen muss und Fingerzeige zu einer «großen», zugleich sublimen Gesundheit geben kann.

Nietzsches Maxime eines «europäischen Buddhismus», prominent in seinem *Lenzer Heide-Fragment* artikuliert, kommt als Denk- und Lebensform in diesem Horizont der Erneuerung einer Lebenskunst eine besondere Rolle zu:[1] Dieser Buddhismus erfordert Übung und Selbstformung. Er kulminiert letztlich aber in der Anerkenntnis der ewigen Wiederkehr, gerade des Leidens, der Vergeudung und des eigenen Scheiterns.[2] In der mit der Wiederkunftslehre verbundenen

---

[1] Dazu K. Schippling und H. Seubert, *Bewusstseinssprung. Im Raum von Selbst und Welt*, Basel, 2021 (im Erscheinen).

[2] Dazu R. Knodt, *Friedrich Nietzsche – die ewige Wiederkehr des Leidens. Selbstverwirklichung und Freiheit als Problem seiner Ästhetik und Metaphysik*, Bonn, 1987.

«Verwindung des Geistes der Rache» und ihres revisionsgierigen Blicks auf das Vergangene. Erst diese Bejahung der ohnedies schon geschehenden Wiederkehr wäre in der Lage, die Schicksalsgrausamkeiten zu ertragen: im Sinn der Transfiguration des Schmerzes in Selbstannahme, Conditio sine qua non der «großen Gesundheit». Am Ende des Lenzer Heide-Fragments wirft Nietzsche die Frage auf, welche Menschen sich «abseits von allen bestehenden Gesellschaftsordnungen» als «die *Stärksten*» erweisen würden. Es ginge, kurz gesagt, nicht um Abwehr des Nihilismus, sondern seine Umfigurierung, eine gegenüber den linearen Zeitbegriffen gänzlich andere Sichtweise. Die Antwort des europäischen Buddhismus ist: Jene, «die keine extremen Glaubenssätze *nöthig* haben», die sich «einen guten Theil Zufall, Unsinn nicht nur zugestehen, sondern lieben», die ermäßigt vom Menschen denken, ohne dadurch klein und schwach zu werden, «die den meisten Malheurs gewachsen sind und deshalb sich vor den Malheurs nicht fürchten».[1]

Es könnte sein, dass dieser Faden jetzt wieder aufgenommen werden kann und im besten Sinn an der Zeit wäre: in neuen Verunsicherungen, an denen neue utopische Träume nur versagen können. Lebenskunst hingegen wagt den Sprung im Hier und Jetzt in einer Skepsis, die nicht zynisch wird, ein Leiden, das das Glück sucht, eine Gelassenheit, die aus den Träumen erwacht oder zumindest weiß, dass sie träumt. Mehr denn je dürfte sich darin bewähren, dass ohne Kunst das Leben ein Irrtum wäre –gerade auch ohne die Lebenskunst.

---

[1] M. Riedel, *Nietzsches Lenzerheide-Fragment über den europäischen Nihilismus*, mit Abdruck des Faksimiles und der Handschrift, Zollikon-Zürich, 2000.

Offener Horizont

In Hinsicht auf die Zukunft erschliesst sich uns zum ersten Mal
in der Geschichte
der ungeheure Weitblick menschlich-ökumenischer,
die ganze bewohnte Erde umspannender Ziele.

(MA II, VM 179; 2, 457)

Martin A. Hainz

Maskerade – Philosophieren mit Nietzsche in Zeiten der Pandemie

Kaum ein Vorurteil haftet Nietzsche so hartnäckig wie jenes an, sein Werk sei antisozial gestimmt. Wie sollte ein Wertevernichter auch hier anders denken? Aber das Anti ist nie die letzte Volte bei Nietzsche – und so ist die Pandemie als Infragestellung des Sozialen etwas, das vielmehr Nietzsche als Advokaten des Sozialen sich vorstellen lässt.

Denn das Soziale reagiert – wenn sonst auf nichts – mindestens auf dies, dass man immer einer zu wenig ist, um das zu sein und zu leben, was man doch ist und lebt, trotz beschränkter Zeit:

> Gerade weil wir trotz der Einzigkeit unserer Lebenszeit mehrere – viele – Lebenszeiten brauchen, brauchen wir unsere Mitmenschen: Die Kommunikation mit ihnen ist für uns – zeitmangelkompensatorisch – die Chance, trotz der Einmaligkeit unseres Lebens viele Male zu leben,[1]

wie Odo Marquard schreibt. *Chaim*, hebräisch *Leben*, ist in einem Fall bis in die Grammatik poetischen Vokabulars ein Pluraletantum, es impliziert in sich und um sich diese Pluralität. Eben diese Pluralität aber ist Kern des Denkens Nietzsches, das die Möglichkeiten feiert und das, was ist – oder eher sei – als Ideologie der Identität durchschaut.

---

[1] Odo Marquard, *Endlichkeitsphilosophisches. Über das Altern*, ed. Franz Josef Wetz, Stuttgart, 2013 (=Reclam Taschenbuch Nr. 20278), S..81.

> S a u g t eure Lebenslagen und Zufälle aus – und geht dann in andere über! Es genügt nicht, E i n Mensch zu sein, wenn es gleich der nothwendige Anfang ist! Es hieße zuletzt doch, euch aufzufordern, beschränkt zu werden! Aber aus Einem in einen Anderen übergehen und e i n e R e i h e v o n W e s e n durchleben! (KSA 9, 558)

Das lehrt die Gesellschaft, das ermöglicht(e) das Kulturleben, das das erste Opfer der Pandemie wurde. Die Pandemie machte alle gleich, schon durch die Trennung: gleich auch mit sich selbst. Und sind alle identisch; oder: sollen es sein. Sozial ist just diese Gleichmacherei also nicht, vielleicht passt es dazu, dass das Wort *Pandemie* das Soziale fatal adressiert: Denn gewiss kann man sich vom Altphilologen vorstellen, ihm hätte an dem Wort *Pandemie* missfallen, dass es alles, jeden *ochlos*, dem *demos* zurechnet.

Dieser Erhebung aller in den meritokratischen Adel der Bürgerlichkeit kommt vor lauter umsorgender Menschenliebe das abhanden, was an Verhaltens- und Kulturmöglichkeiten der Mensch sein könnte. Man merkt es, wenn man sich ansieht, wozu das, was Theorie sei, verkommt, seit die *Verschwörungstheorie* als irreführender Begriff für unsinnige Narrative, die subjektive Sicherheit gewähren, Menschen dazu verleitet, reale Probleme zu vergrößern, anstatt sie und die getroffenen Maßnahmen sinnvoll zu diskutieren. Die Hemmung des Kulturlebens verschärft dies; schon können, wie Franz Schuh bemerkt, Theaterstücke, die die Pandemie behandeln, wegen der Pandemie nicht mehr aufgeführt werden.

Die Theorie ist jene der unbeteiligt gleichwohl Erregten geworden: Fenstergucker echauffieren sich über Behauptungen, deren Zustandekommen (und Widerlegbarkeit oder Sinnlosigkeit) sie nicht bekümmert, wie sie auch nichts an dem ändern wollen, was sie empört – dass sie es nicht können, ist sogar der Reiz dieses Voyeurismus, man wisse Bescheid, man sei nicht schuld. Ab und zu platzt eine soziale Blase aktionistisch auf, dann wird aus der globalen Dummheit ein lokales Verbrechen, das nach der Logik der Gläubigen den Ernst und die Aussichtslosigkeit bezeugt...

Vom Theoretischen dachte Nietzsche nicht sehr hoch, das Wort markiert meist prätentiöse Irrtümer; aber selbst daran reicht das nicht heran: „An einer Theorie ist es wahrhaftig nicht ihr geringster Reiz, dass sie widerlegbar ist", so heißt es *Jenseits von Gut und Böse*, «gerade damit zieht sie feinere Köpfe an.» (KSA 5/31) Hiervon hat die Pandemie wenig belassen, allenfalls dies, dass auch heute wieder selbst eine „hundertfach widerlegte Theorie" dennoch Aufmerksamkeit bekommen kann – und die Wissenschaft dazu genötigt ist, immer und wieder dies zu tun, was Nietzsche einst Eitelkeit zu sein schien: «zu widerlegen.» (KSA 5/31)

Die Differenz und die Differenziertheit sterben im infektiösen Geschehen. Auch die Ironien, die der Differenzierung bedürfen und sie begünstigen, nämlich als Antithese zu *These-Antithese-Synthese* – Nietzsche zufolge ist ja die «Antithese [...] die enge Pforte, durch welche sich am liebsten der Irrthum zur Wahrheit schleicht» (KSA 2/163) –, sterben ... oder sie leben als Ironien der Geschichte weiter: Wer hätte antizipiert, wie falsch dieser Satz Nietzsches heute klingt: «Alles, was tief ist, liebt die Maske» (KSA 5/57)...?

Unter der universell liebenden Obsorge wabert mit der Maske oder gegen sie eine blindwütige Empörung. Vielleicht kommunizieren beide – Obsorge und Trotz – in Momenten miteinander, denn die Herablassung dieser Liebe ist verdächtig, das mag man trotz absurder Schlüsse den Aluhutträgern konzedieren: So unbedingt *philanthropisch*, ohne Berücksichtigung feiner Unterschiede, ist sonst allein das Virus, jeder Mensch ist auch ihm gleich recht.

Vegetarische Veggies

sportsmen der «Heiligkeit»

(GM-III-17; KSA 5, 379)

Hans Kuebler

Die Corona- Strategie des «Unternehmens Deutschland» und deren Folgen für den Handlungsbedarf der «Unternehmensleitung»

Einem erfahrenen Strategieberater für die Industrie ist es einen Versuch wert, die Corona-Pandemie und deren mühsame Bewältigung zu vergleichen mit dem Erscheinen einer neuen Technologie in einem bisher etablierten Markt.

Neue Technologien, die bisherige durch bessere Leistung und geringere Kosten ersetzen, bieten einerseits große Chancen, einen bisher nur schwer zugänglichen Markt mit wohl überlegter Strategie zu erschließen, sind andererseits zugleich brandgefährlich für die etablierten Anbieter, die nicht über diese Technologie verfügen. Es gibt in der Wirtschaftsgeschichte viele Beispiele auch großer Unternehmen, die durch technischen Wandel dermaßen überrannt wurden, dass sie nach nur kurzer Zeit vom Markt ganz verschwanden. Die primär geschädigten sind nicht so sehr die Besitzer, Eigentümer oder Aktionäre, sondern die meist älteren Arbeitnehmer, spezialisiert auf die in der alten Technologie verwandten Prozesse, die dann nur sehr schwer eine neue Tätigkeit finden.

Somit ist die genaue Analyse des unternehmerischen Umfeldes sowie die Strategiefindung für den Angriff wie die Verteidigung in einem Markt eine der wichtigsten Aufgaben in gut geführten Unternehmen; das betrifft sowohl das Wohlergehen des Unternehmens wie auch der vielen Mitarbeiter: es ist also auch eine soziale Aufgabe. Langfristig steht und fällt der Erfolg eines Unternehmens mit der Qualität der Strategie. In den letzten 50 Jahren gab es eine starke Evolution in der empirischen Betriebswirtschaft zu neuen Werkzeugen und Methoden auf dem breiten Gebiet rund um die Strategieanalyse und -formulierung, angefangen bei der Technologieanalyse.

Corona als eine neue Bedrohung für das Unternehmen Deutschland

Spätestens seit November 2019 war bekannt, dass es eine gefährliche Sars-ähnliche Krankheit in China gibt, die sich möglicherweise stark verbreiten kann und für die bisher keine medizinischen Behandlungsmethoden bekannt sind.
Eine *Taskforce*, zusammengesetzt aus Personen unterschiedlicher fachlicher Kompetenzen, wäre umgehend zu bilden unerlässlich gewesen zur möglichst umfangreichen Informationssammlung und deren Auswertung, unter Einschaltung des lokalen Vertriebs in China (Botschaft) und zügiger Berichtspflicht zum VV (Vorstandsvorsitzenden).
Aus der Auswertung der dann bereits bis Ende des Jahres 2019 vorliegenden Erkenntnisse, hätten erste konkrete Maßnahmen gestartet werden können, wie etwa:

- Breite Information der betroffenen Fachbereiche und der Vertriebe (Ärztekammer, Apothekerkammer, Pharma-/Medizintechnikindustrie);
- Vorkehrungen gegen mögliche Panikreaktionen;
- Mit Blick auf langjährige Erfahrungswerte asiatischer Länder Maskenbeschaffung und -produktion aktivieren;

- Bildung einer spezialisierten (medizinischen) *Taskforce* mit den wichtigsten Fachpersonen im Unternehmen für diese Technologie;

Die Bedrohung wäre zu einem frühen Zeitpunkt wirklich ernst genommen worden und die immer noch unterschwellige Auffassung, dass es für die neue Technologie – das Virus – schwierig und langwierig sei, bis es sich in Europa ausbreite, wäre rasch überwunden gewesen.
Aber dies entsprach nicht dem Wunschdenken.

Es gibt zwar seltene Fälle, in denen unterschiedliche Verhaltensweisen und Anlagen es sowohl neuen Technologien oder Viren erschweren, Ländergrenzen zu überwinden, doch solche Fälle sind wirklich selten, und in Zeiten der Globalisierung, vor allem der effektiven intensiven globalen Reiseintensität, nicht zu erwarten. Die Ausbreitung der Ebola-Pandemie in Westafrika 2018 hätte als Lehrmeister stehen können, und mit dem Auftreten der ersten Erkrankungen in Gauting, den Fällen in Bergamo, Heimsheim, Bad Ischgl war diese These wirklich rasch widerlegt.

Mit frühzeitig und zügig ergriffenen klaren Maßnahmen wäre ein *Lockdown* dann wahrscheinlich vermeidbar gewesen, oder hätte doch milder ausfallen können.

Eine Aufreihung möglicher Pannen in der Pandemiebekämpfung kann erfolgen, verstellt aber möglicherweise den Blick auf das Wesentliche. So entspannte sich im Sommer 2020 die Lage, ein Aufatmen allerseits setze ein trotz einiger Warnungen, dass das Ende der Pandemie noch nicht erreicht sei. Doch es war der Wunsch und die Hoffnung, der Spuk sei vorüber und die alten Zeiten zurückgewonnen, die erneut notwendige Strategieentscheidungen blendeten. Nur: Wunschdenken ist ein schlechter Berater. Wunschdenken als Strategie ist allerdings vielfältig zu beobachten und ist auch häufig der Grund für ein fatales Scheitern von Unternehmen.

Statt diese Zeit zu nutzen zur intensiveren Untersuchung und Erforschung der Verbreitungswege und Besonderheiten der neuen Technologie – des Virus – und deren Eindämmung, Beherrschung, Indienstnahme auch, überwog erneut die alte Strategie tröstender Sorglosigkeit und Schmerzvermeidungsdenken (Eberhardt Simons).

Summa

Nicht wohlüberlegtes, analytisch begründetes Handeln bestimmte die Agenda, sondern die Firma Deutschland ließ sich von kurzfristigen Wunschträumen leiten. Es war der mangelnde Wille, ein wichtiges Thema umfassend zu durchdenken: unter Einbeziehung globaler Problemstellungen und Erfahrungswerte, umfassender und langfristiger vergleichender Analysen, Extrapolationen und Konsequenzen-Abschätzung, soweit als irgend möglich. Ein Unternehmen in der freien Wirtschaft geht an diesem Mangel bankrott.

Doch sind dies bei genauerer Betrachtung keine Einzelfälle, sondern wie die Symptome einer Krankheit der Gesellschaft zu begreifen. Am Beispiel des Atomkraftwerkausstiegs wird diese Symptomatik besonders eklatant sichtbar:

Nach Fukushima wird entschieden die Atomkraftwerke still zu legen, obwohl kaum ein Land in unserer Nachbarschaft so sichere Atomkraftwerke gebaut hat. Aus Umweltgründen sind in der Tat die Kohlekraftwerke – insbesondere der Braunkohle – zu schließen; dies entsprach aber schon lange zuvor allgemeinem Verständnis. Nun werden die letzten Atommeiler vom Netz gehen, die Kohlekraftwerke ebenfalls, während der Strombedarf durch vielfältigen Einsatz von Elektrizität zugleich stark, wirklich stark, ansteigen wird (Beispiele sind: Mobilität, Industrieprozesse, Heizung mittels Wärmepumpe etc.). Heute beziehen wir etwa 40% unseres Strombedarfs aus nachhaltiger Energiegewinnung. Bei steigendem Verbrauch wird dieser Prozentsatz, auch bei einschlägiger Aufrüstung, eher geringer als größer werden, das heißt: wir werden noch abhängig(er) werden von den Stromimporten aus Osteuropa und Frankreich, abhängig von Strom aus Atommeilern geringerer Sicherheit als diejenigen, die gerade bei uns stillgelegt wurden. Kurzfristig kann das zwar gutgehen, muss es aber nicht. Wir haben uns in eine Lage manövriert, in der wir latent erpressbar werden, denn wir kommen nicht ohne Strom aus, und es ist langfristig vollkommen unklar, wie unser Strombedarf gedeckt werden wird. Ein mittelschwerer Unfall in einem Atomkraftwerk in Osteuropa (wie ja bereits erfahren) mit der Folge, dass in weiteren Atomkraftwerken ähnlicher Bauart die Last zurückgefahren werden muss, könnte bereits genügen, um den Strombezug rationieren zu müssen, und Stadtteile der Reihe nach jeweils für ein paar Stunden am Tage vom Stromnetz nehmen zu müssen – so bereits tägliche Praxis in etlichen Ländern in Schwarzafrika und anderen Ländern.

Mit der Ächtung der Atomenergie ist dann auch die Frage der Nutzung der Restenergie aus dem sogenannten

«Atommüll» ganz von der Agenda verschwunden; aber durch die weitere Nutzung genau dieser zur freien Verfügung stehenden, durchaus nicht unerheblichen und verwertbaren Energie würde das weltweite Problemkind «Atommüll» schrittweise energetisch verwertet und zugleich reduziert werden können; es würde in den Prozess der weiteren Verarbeitung einbezogen und mehr unter Kontrolle, als bei den sogenannten «Zwischen-» oder auch «End-lagerungen», über die zu schweigen ja bekanntlich auch keine geeignete Strategie darstellt, das Problem zu lösen. Gorleben ist vom Tisch, Asse II ja seit einiger Zeit eigentlich auch, und nun? Auch hier wird die Strategie von Wunschdenken und Schmerzvermeidungsdenken langfristig nichts Positives bewirken.

Folgen für den Handlungsbedarf der «Unternehmensleitung»

Dieser Mangel an umfassender und langfristiger Analytik zu wichtigen Entscheidungen für unsere Gesellschaft entstand nach Meinung des Autors aus der Bequemlichkeit, durch schöne Bilder, die wir uns ausmalen, oder/und die wir in den Medien vorgesetzt und bestärkt bekommen, das Nachfragen und Nachdenken zu Ursachen und Wirkungen mit möglichen langfristigen und komplexen Folgen zu verdrängen. Es ist eine geistige Bequemlichkeit, Geschäftspolitik so zu belassen, wie sie ist, denn einerseits birgt jede nicht gut durchdachte Änderung auch eine Gefahr, neue Probleme einzuhandeln; andererseits macht insbesondere eine grundlegende Änderung und diese auch durchzusetzen gegen die Beharrungskräfte einer gegebenenfalls starken und starren Organisation viel Mühe, Probleme und Ärger. Diese Bequemlichkeit ist gepaart mit dem naiven Wunschdenken, dass alles schon gut werde, dass eben diese neue Technologie aus Fernost oder Fernwest für Europa gar nicht passe oder lange benötige, bis sie überhaupt hier angewandt werde. Man nennt dies klassisch: Vogel-Strauss-Politik, und habituell betrieben, entwickelt sich die Bequemlichkeit schlichtweg in die Unfähigkeit zum erforderlich komplex-analytischen Zugriff aus Unerfahrenheit. Für Mittelstandsunternehmen sagt man, die erste Generation baue das Unternehmen auf, die zweite halte es am Laufen, und mit der dritten gehe es Bankrott. Die «Not(h)wendigkeit» (Friedrich Nietzsche) von Veränderungen wird nicht anerkannt, obwohl dadurch zu späterer, und oft allzu später Zeit, viele Schmerzen entstehen, die vermeidbar gewesen wären. Und oft geht es nicht nur um Schmerzen, wenn die Reise in einer Sackgasse endet.

Unterstützt wird diese Bequemlichkeit durch den Trend, die Verantwortung von Einzelpersonen auf die Allgemeinheit, den Staat, die Regierung, die Partei, die Versicherungen etc. zu übertragen. Erst das Bewusstsein, Verantwortung auch wirklich zu übernehmen, übernehmen zu müssen, veranlasst einen Menschen, darüber nachzudenken, was er denn tatsächlich verantworten kann und was ihm später auf den Kopf fallen wird.

Doch Verantwortungsfähigkeit muss er erst einmal geschult und entwickelt werden.

Die gedankliche Bequemlichkeit und Unfähigkeit, die ja politisch teilweise gewünscht wird, da die Bürger dadurch leichter manipulierbar sind, ist sehr gefährlich. Sie führt über mehrere Schritte der Verschlechterung der allgemeinen – wie auch individuellen – Situation zu dem Ruf nach dem starken Mann – und das Ergebnis kennen wir zur Genüge, können wir auch aktuell global zunehmend beobachten: wir sollten hier alle frühzeitig gegensteuern! Und leider werden diejenigen, die für diese Entwicklung die Verantwortung zu tragen haben, nicht behelligt und genießen ihre hohen Pensionen und Abfindungen – ganz im Gegensatz zu den Nachkommenden, die später die schmerzreichen Folgen zu tragen haben werden.

Verantwortung zu übernehmen muss gelernt und trainiert sein: es ist eine Frage breiterer Bildung auch in den Geisteswissenschaften, und ist kein MINT-Fach. Es ist vornehmlich eine Frage der schulischen Erziehung, doch heutzutage zunehmend auch der (verschulten) universitären Ausbildung. Während in Deutschland heutzutage die Wiedergabe des gelernten Lehrstoffes im Vordergrund steht, wird im britischen Schulsystem den SchülerInnen klar die Frage gestellt, welche Ziele heute erreicht werden müssen, um den Weg zum morgen angestrebten Beruf zu ermöglichen. Es wird vor allem schon frühzeitig selbständiges Arbeiten gefordert, erlernt und umfangreich gefördert mit eigenständigen Projekten, Planungen und Literaturrecherche in Bibliotheken (welche zur Grundausrüstung guter britischer Schulen gehören). Das mag zwar für Schüler und Lehrer teilweise unbequem und arbeitsintensiver sein, als die simple Lehrstoffabfrage, ist aber für alle Beteiligten viel interessanter und effektiver, und für die Entwicklung der jungen Persönlichkeit eminent produktiv. Das Ziel ist hier: nicht Fakten auswendig zu lernen, sondern Problembewußtsein zu entwickeln, fragen und denken zu lernen, sowie sachlich

argumentieren zu üben – da wäre in unserem Land inzwischen sehr viel aufzuholen.
Entsprechend sind auch an den Universitäten die Ziele der Bildungsvermittlung und Persönlichkeitsentwicklung verschwunden und haben den kargen Berufsausbildungen Platz machen müssen. Die früher herrschende Differenz zwischen technischen Hochschulen und Universitäten als Bildungsanstalten ist nivelliert worden, und wie das dann immer geschieht: nivelliert nach unten. Von der berühmten universalen Bildungsanstalt Wilhelm von Humboldts, einst Vorbild von Universitäts-Gründungen weltweit, ist nichts übriggeblieben, und die auslaufenden einschlägigen Lehrstühle werden immer magerer bis gar nicht mehr besetzt, vom Aufbau des nachwachsenden Mittelbaus ganz zu schweigen.

Kunst und Kultur sind inzwischen suspekt geworden und degradiert zu blosser Eventkultur in einer Spassgesellschaft, als *panem et circensem* etablierten dies bereits die Römer, und dies aus gutem Grund. Der denkende Bürger wurde schon damals und wird inzwischen erneut als Gefahr und Störenfried eingestuft, und wäre doch ganz anders der Rettungsanker in der wachsenden Not.

Und so erweist sich die augenscheinlich «nicht-systemrelevante» Kultur und Bildung ganz im Gegenteil als die entscheidende Systemtragende Basis und Voraussetzung eines gesunden Unternehmens und also auch eines gesunden Staatsunternehmens: Sind diese doch als Systeme genau dies: Kulturprodukte.

Die Beschäftigung mit Kunst und Kultur erweitert Horizonte auf unterschiedlichste Weisen, sie fordert heraus zum anders-denken, neu-denken, alternativ-denken, kritisch denken, gegen-denken; zu notwendiger Flexibilität, kreativer Anpassungsfähigkeit und notwendiger Lösungsfindung vor den Herausforderungen neuer Technologien und – neuer wie alter – Technologieprobleme.

Leider ist die Erneuerung unseres Bildungssystems zwar dringend, und wäre dann doch nur in ferner Zukunft wirksam. Als kurzfristige Maßnahme zur Begrenzung krasser Fehlleistungen in der Politik – wie etwa der unglückliche Modus des Atomausstiegs – wäre zu überlegen, einen **Philosophierat** mit einer Handvoll weitgespannt qualifizierter Personen aus unterschiedlichen Fachrichtungen einzusetzen, mit dem Auftrag, unabhängig und in seiner Arbeit nicht behindert, auf hoher politischer Ebene seine Analysen zu politischen Entscheidungen vorzulegen – Im Modus und in Ergänzung des Rates der «Wirtschaftsweisen». Wichtige politische Entscheidungen würden der Einbeziehung eines Votums dieses Philosophierates bedürfen.

Im Gebirge der Wahrheit kletterst du nie umsonst:

entweder du kommst schon heute weiter hinauf

oder du übst deine Kräfte,

um morgen höher steigen zu können.

(MA II, WS 358; 2, 522)

Christina Barbara Kiehs-Glos

Tusche-Federzeichnungen

Nietzsches Gedanken zur Umwertung aller Werte und Rilkes Aufforderung «Gieb deinem Herzen ein Zeichen, daß die Winde sich dreh'n» ermutigten mich schon während der ersten Coronabeschränkungen, meinen eigenen Gedanken und Gefühlen zu den Un-sicherheiten, Un-wegbarkeiten, Un-wägbarkeiten :.. in der Zurückgezogenheit meines Ateliers Ausdruck zu verleihen.

In der Art wie Nietzsche seine Aphorismen gestaltete, entdecke ich oftmals etwas Mit-rascher-Feder-Skizziertes, d.h. Kalligrafisches. Die Arbeit mit Tusche und Feder erlaubt mir sowohl ein flüchtig wirkendes Fließenlassen als auch ein behutsames Zeichnen. Die Bilder sind keine «Schwarz-Weiß-Malerei», sondern oszillieren in feinen Nuancen in Analogie zu Nietzsches Sprache.

Diese Art der Tuschezeichnungen als Kalligrafie zu bezeichnen, erlaube ich mir, seitdem mich der Meister-Kalligraf Shunpu Ichii in seinen speziellen Arbeitsstil und seine Geheimnisse eingeweiht hatte. Er selbst arbeitete in Japan allerdings ausschließlich mit Pinsel. Mein Anliegen war es, ihn oder auch den traditionellen Kalligrafie-Stil nicht zu kopieren. Wie aber könnte ich etwas ganz Eigenes finden oder erfinden?

Eines Nachts geschah es im Traum: Aus meinen Fingern wuchsen Federn. Es waren nicht die Stahlfedern, mit denen ich in der Zeichen-Arbeitsgruppe in der Schulzeit mittelalterliche

Schriften zu kopieren versuchte und gotische Initialen bunt ausschmückte. Die «Traumfedern» variierten in ihren Formen und Farben. Zur damaligen Zeit bestand mein Alltag vorwiegend aus Pflanzenforschung und ihrer Darstellung anhand der Fotografie, d.h. ich führte ein Leben im Freien und im Zelt. Meinen Blick schulte ich alsbald im Auffinden von Vogelfedern, wo immer ich mich aufhielt. Allerdings war mir bewusst, dass das Mausern, das Verlieren der Federn bei Vögeln, wenn sie sich nicht gerade im Kampf befanden, von der Jahreszeit abhängig und daher in unseren Breiten nur sehr eingeschränkt möglich war. Tauben-Krähen-Gänse-Hühnerfedern entpuppten sich als völlig untauglich während der ersten Versuche. Die Steißfeder der Elster brachte den Einstieg und Durchbruch zu meiner ureigensten Kunst.

Oft tagträume ich, dass mir Nietzsche erheitert zugeblinzelt hätte, wenn er mich mit der Steißfeder der Elster, den Schwingen des Hähers, der kanadischen Wildgänse oder des Paracas-Pelikans - seine Aphorismen in meine Bildsprache übersetzend - angetroffen hätte.

Die Anordnung der Kalligrafien steht nicht in unmittelbarem Zusammenhang mit den sie flankierenden Texten. Es können aber Assoziationen entstehen, da die Autoren und Autorinnen der Texte ebenfalls sehr viele unterschiedliche Aspekte und Perspektiven des Themas herausgearbeitet haben. Die Zitate setzte ich bewusst ab vom Bild, um dem Betrachter die «Freiheit des Geistes» zu lassen, mit seiner eigenen Phantasie Aphoristisches aufzuspüren.

Literatur

Sofern in den Anmerkungen der Texte nicht anderes genannt wird im Folgenden zitiert aus:

KSA Nietzsche Friedrich, Sämtliche Werke (Kritische Studienausgabe), Colli Giorgio, Montinari Mazzino, Hrsg., 15 Bände, München/Berlin/New York, 1980, ^{2}1988

KSB Nietzsche Friedrich, Sämtliche Briefe (Kritische Studienausgabe Briefe), Colli Giorgio, Montinari Mazzino, Hrsg., 8 Bände, München/Berlin/New York, 1986

Siglenverzeichnis der Werke Friedrich Nietzsches

GT = Die Geburt der Tragödie aus dem Geist der Musik
KSA 1/9-156

WL = Über Wahrheit und Lüge im aussermoralischen Sinne
KSA 1/873-890

UB I = **DS**,-Unzeitgemässe Betrachtungen I = David Strauss, der Bekenner und der Schriftsteller KSA 1/157-242

UB II = **HL**, Unzeitgemässe Betrachtungen II = Über den Nutzen und Nachtheil der Historie für das Leben KSA 1/243-334

UB III = **SE** Unzeitgemässe Betrachtungen III = Schopenhauer als Erzieher KSA 1/335-427

UB IV = **WB** Unzeitgemässe Betrachtungen IV = Richard Wagner in Bayreuth KSA 1/433-510

MA I = Menschliches Allzumenschliches,I KSA 2/9-366

MA II = Menschliches Allzumenschliches II:

- **VM** = Vermischte Meinungen und Sprüche
- **WS** = der Wanderer und sein Schatten KSA 2/367-704

M = Morgenröte KSA 3/9-331

IM = Idyllen aus Messina KSA 2/333-342

FW = Die fröhliche Wissenschaft KSA 2/343-651

Za = Also sprach Zarathustra, I-IV KSA 4

JGB = Jenseits von Gut und Böse KSA 5/9-243

GM = Zur Genealogie der Moral KSA 5/245-412

WA = Der Fall Wagner KSA 6/9-53

GD = Götzen - Dämmerung KSA 6/55-161

AC = Der Antichrist KSA 6/165-253

EH = Ecce homo KSA 6/254-374

DD = Dionysos - Dithyramben KSA 6/375-411

NW = Nietzsche contra Wagner KSA 6/413-445

Die Autoren

Bettina Best

Studium der Kunstgeschichte, Ethnologie, Philosophie (Eberhard Simons, Eckhard Kessler, Robert Spaemann) an der Ludwig-Maximilians-Universität München; Dissertation über: *Secession und Secessionen. Idee und Organisation einer Kunstbewegung um die Jahrhundertwende;* Kunstsachverständige für Malerei des 19. Jahrhunderts und der Secessionskunst um 1900; Auseinandersetzung mit den geistigen Voraussetzungen von Kulturgeschichte; zahlreiche Monografien, Werkverzeichnisse, Ausstellungsbeiträge im Themenumfeld.

Erik Bindervoet

*1962 stammt aus Oostzaan (NL); Übersetzer (James Joyce, The Beatles, Bob Dylan, Karl Kraus), Autor (Gedichten und Theater) und Bildender Künstler (Zeichnungen); Publikationen: u.a. zwei biographische Romane, *Spinoza's achtbaan* [Spinoza's Achterbahn] und *Aldus sprak Nietzsches zuster* [Also sprach Nietzsche's Schwester]. In Vorbereitung: *Wittgensteins wereld* [Wittgensteins Welt].

Peter André Bloch

*I936, Literaturprofessor und Kulturvermittler, Em. Professor für Germanistik und vergleichende Literaturwissenschaft an der Université de Mulhouse. Seit 1965 Stiftungsrat und Leiter des *Nietzsche-Hauses* in Sils-Maria; 1980 Initiant der internationalen *Nietzsche-Kolloquien* sowie 2011 der *Nietzsche-Werkstatt* in Sils-Maria. Seit 2006 Stiftungsrat des *Nietzsche-Dokumentations-Zentrums* Naumburg sowie Wissenschaftlicher Beirat des *Nietzsche-Forums-München e.V.* Zahlreiche Publikationen zu den Literaturen der deutschsprachigen Länder, über die Schweizer Literatur der Moderne in Auseinandersetzung mit dem Faschismus und den fundamentalistischen Strömungen der Neuzeit.

Rüdiger Görner

*1957 in Rottweil am Neckar, lebt seit 1981 in London; Schriftsteller, Kritiker, Centenary Professor of German Literature with Comparative Literature und Gründungsdirektor des *Centre for Anglo-German Cultural Relations* an der Queen Mary University of London; Mitglied der Deutschen Akademie für Sprache und Dichtung; Deutscher Sprachpreis der Henning Kaufmann-Stiftung (2012); Reimar Lüst-Preisträger der *Alexander von Humboldt-Stiftung* für sein Lebenswerk (2016); Verdienstorden der Bundesrepublik Deutschland (2017); Jüngste Buchpublikationen: *Romantik – Ein europäisches Ereignis* (Reclam, 2021), *Der Cicerone oder Steers Weg*. Roman (Löcker, 2021), *The Marble Song* (PalmArtPress, 2021).

Martin A. Hainz

* 1974 in Wien; Prof. Mag. Dr. phil., Literatur-, Sprach- und Kulturwissenschaftler, Philosoph und Bildungswissenschaftler; Leiter der Forschungsstabstelle der PH Burgenland (Eisenstadt, Österreich); Vorstandsmitglied der *Rose Ausländer-Gesellschaft*; Alumnus der *Alexander von Humboldt-Stiftung*; Publikationen in Auswahl: *Silbenzwang*, Tübingen, 2017; *Lapsus*, Würzburg, 2014; *Entgöttertes Leid*, Tübingen, 2007; *Masken der Mehrdeutigkeit*, Wien, 2001, 22003); zahlreiche Aufsätze zur deutschen und österreichischen Literatur sowie zu philosophischen Fragestellungen. www.martinhainz.at.

Marianne Haubold

Bismarckgymnasium Karlsruhe, Studien der Klassischen Philologie, Archäologie und Germanistik in Berlin und Basel, Gymnasiallehererin an Schweizer Gymnasien; Nach Berufsende: Edition der Rohde-Briefe aus dem Nachlaß; 2015 Promotion über die *Cogitata* von Erwin Rohde, deren Herausgeberin sie auch ist.

Jörg Haubold:

Gymnasium: Schlossschule Salem (Kurt Hahn), Dipl. Ingenieur (TU Berlin), Tätigkeiten in der Deutschen Entwicklungshilfe und Lehramt (Mathematik), verheiratet, vier Kinder; Nach Berufsende: Studien der Soziologie und Umweltfragen.

Cora Hubrich

*1964 in München und aufgewachsen in einem Vorort von München; Abitur und soziales Jahr mit einer kunsttherapeutischen Ausbildung; Studium der Psychologie in Regensburg und Diplom; Tätigkeiten in diversen Einrichtungen; neben einer angestellten Tätigkeit seit zehn Jahren einen halben Kassensitz als Psychologische Psychotherapeutin; sie schreibt Gedichte seit ca. drei Jahren.

Rüdiger Kendziora,

*1958, Abitur und Studium1990 an der Rheinischen Friedrich-Wilhelms Universität, Magister der Philosophie; Nach verschiedenen Fortbildungen berufliche Tätigkeit seit 1995 in der *Bundeskunsthalle*, seit 1997 Leitung des Archivs daselbst; 2001 Diplom als Werbetexter bei der *Studiengemeinschaft Darmstadt*, seit 1999 Publikation zahlreicher Gedichte und mehrerer Monografien wie auch fotografisch unterlegte Aphorismen-sammlungen; 2012 kulturelle Förderung eines seiner Werke im Bereich Literatur durch die Stadt Bonn; Mitglied und Referent im *Nietzsche-Forums München e.V.* Mit Öl- und Acrylmalerei, Bilderausstellungen in Röttgen, Bonn, Königswinter et.al.

Victoria Kerkvliet-de Kleijnen

*1945, Schijndel in den Niederlanden, Niederländerin, seit 2014 in Bayern lebend; Historikerin, Master of Arts über Aristides und Asklepios, Lehreramt Geschichte; Teilstudium Ethik; Psychologie; Besondere Themen: Die Hep-Hep-Unruhen (Würzburg 1819), Hexenprozesse (1500-1800); gründete eine Künstlergruppe und unterstützte Künstler auf vielerlei Art; organisierte Ausstellungen im Bereich Bildender Kunst im In- und Ausland, 1979 im Nietzsche-Haus Sils Maria, Radierungen zu *Zarathustra*.

victoriakerkvliet@gmail.com

Christina Barbara Kiehs-Glos

Apothekerin mit Schwerpunkt Arzneipflanzenforschung in Europa und Südamerika, dargelegt in bebilderten Pflanzenmonografien; Parallel Kunststudien, Grafik und Kalligrafie; Lehrerin für Qi gong, Ausbildung in Integraler Leibarbeit, Traumforschung nach Mindell und Grön. Zahlreiche Ausstellungen künstlerischer Photographie, Tusche-Federzeichnungen; Gestaltung von Räumen, Performances und Büchern; Schreibwerkstatt; Teilnahme an der Jahres- Ausstellung *Horizonte* im Nietzsche-Haus mit Gerhard Richter und Jonathan Meese 2019; Tuschezeichnungen zu *«O Mensch, gieb Acht»*, kalligrafiert nach der Vertonung von G. Mahler's Dritter Symphonie, Nietzsche-Werkstatt, 2020; *Ein-Samige Dialoge: Karikaturen in Tusche-Federtechnik zu Aphorismen von Nietzsche*, 2021.

sternencbtanz@t-online.de, denn man «muss noch Chaos in sich haben, um einen tanzenden Stern gebären zu können» ...

Reinhard Knodt

*1951, Schriftsteller, Philosoph; wurde in den 90iger Jahren bundesweit durch philosophische Essays zu Nietzsche, Heidegger, Korrespondenz- und Kommunikationstheorie bekannt. (*Ästhetische Korrespondenzen*, Reclam, 1992); veröffentlicht im Grenzgebiet Literatur und Philosophie (Roman philosophischer Essay, Erzählungen, (*Undinen*) Rundfunkformen) sowie Kunsttheorie im Zusammenhang mit Architektur und bildender Kunst; 2017 erschien sein bisher wichtigstes Buch *Der Atemkreis der Dinge* (Alber); mehrere Kulturpreise, darunter 2007 den Literaturpreis der *Bayerischen Akademie* und einen Journalistenpreis; 2004 Turmschreiber der Stadt Abenberg; 2003; 2015 lehrte er an der Universität der Künste in Berlin, wo er heute lebt. www.Reinhard-Knodt.de

Hans Kuebler

*1939, Dipl. Ing, Dr. rer. pol., Studien in Stuttgart, Newcastle upon Tyne, Lausanne; Planung, Kostenkontrolle, Innovation, Strategie in mehreren Großunternehmen, Dissertation: *Überbetriebliche Innovationsstrategie in der japanischen Telekommunikationsindustrie*; 10 Jahre verantwortlich für Strategiebegleitung des Telekommunikationsbereiches Siemens, Mitglied im Vorstand und Aufsichtsrat des größten Herstellers von Telekommunikations-ausrüstung in Großbritannien; europäische Telekommunikationspolitik in Brüssel; selbständiger Strategieberater in der Großindustrie und über 15 Jahre Lehrbeauftragter an der Universität Stuttgart zu: Innovationsstrategie, Strategieberatung,

Martin Kunz

*1947, studierte Philosophie, Anthropologische Psychologie, Historische Pädagogik und Deutsche Literatur in Zürich und Berlin; Promotion mit einer Arbeit über C. G. Jung; Klavier- und Kompositionsstudien am Konservatorium Zürich und privat; Freie Künstler-kurse an der F&F-Schule; Langjährige Tätigkeit als Psychotherapeut; 2002 bis 2016 Professor für Psychologische Paradigmen und Anthropologie an der Pädagogischen Hochschule Zürich; Kulturschaffender und Musiker, Leiter des *Ateliers für Kunst und Philosophie* in Zürich. www.kunstundphilosophie.ch

Emanuele Enrico Mariani

*1976 in Palermo, Grundschullehrer und PhD in Philosophie der Universitäten Palermo, Messina, und Catania in Zusammenarbeit mit dem *Centre Européen d'Études Zoroastriennes* in Brüssel und dem *Nietzsche-Forum München e. V.*; MA in *Philosophischer Beratung*, Spezialisierung in *Philosophy for Children/for Communities* an der Pädagogischen Fakultät der Universität von Florenz; Monographien: *Kierkegaard e Nietzsche. Il Cristo e l'anticristo (2009)*; *Risonanze impolitiche. Riflessioni filosofiche tra ragioni e fedi* (2012); *Come un sole al mattino. Etica, psicologia e trasfigurazione del sacro nel ‹Così parlò Zarathustra› di Friedrich Nietzsche* (2017) und: *À propos de ‹Ainsi parlait Zarathustra› de Nietzsche. Éthique, psycologie et transfiguration du sacré* (2018). Vor kurzem erschien seine Gedichtsammlung: *Comete vaganti. Poesie, lettere e impressioni*, Wroclaw, 2021.

Andreas Mascha
*1967 und aufgewachsen im schönen Unterallgäu; Seit frühester Jugend Leistungssport und tänzerische Entwicklung
(=> www.nsp-online.org/mascha.html); Studium der Betriebswirtschaftslehre und der Philosophie in München und Australien; Seit über 20 Jahren selbständiger Managementberater mit den Schwerpunkten Integrales Management und Sinnorientierte Führung
(=> www.IntegralManagement.de); Intensive interkulturelle Bewusstseinsforschung und Lebenspraxis des Integralen Yoga; Seit 2007 Verleger (=> www.AndreasMascha.de/verlag.html); Philosophischer, leibesphänomenologischer, yogischer und künstlerischer Fokus: Der TANZ.

Ard Posthuma
*1942 stammt aus Haarlem (NL); Literaturübersetzer (u.a. von Goethes Faust I/II) in zwei Richtungen; Letztlich erschienen: Cees Nooteboom, *Abschied* (Gedichtzyklus), Suhrkamp, 2021; Im Erscheinen: eine kommentierte zweisprachige Auswahl mit Gedichten von Friedrich Nietzsche, *Historische uitgeverij*, Groningen.

Thomas Christopherus Pulte
Diplom-Ökonom, Studien der Wirtschaftswissenschaften an der Bergischen Universität in Wuppertal, Tätigkeit im Medienunternehmen Leo Kirch, Promotionsstudien der Japanologie, Romanistik, Theologie und Philosophie an der Ludwig-Maximilians-Universität München; Forschungsschwerpunkte: Verhaltensökonomie; In Denknachfolge des ersten Doktorvaters, des verstorbenen Münchner Philosophen Prof. Dr. Dr. Eberhard Simons: wissenschaftliche Ethosvoraussetzungsdiskussion im gattungsgeschichtlichen Sinne (da eine zielorientierte Ethik ihr Ziel verfehlen muss, lässt sie die gattungsgeschichtlichen Aspekte des Lebensanfangs außer acht).

Uwe Rauschelbach
*1960 in Heidelberg, Abitur am Friedrich-Magnus-Schwerd-Gymnasium Speyer, Studium der Neueren Deutschen Literaturwissenschaft in Heidelberg, M.A. Redakteur beim *Mannheimer Morgen* (Lokales und Kultur); Ausbildung in Klavier und Orgel (Nebenamtlicher Organist mit C-Examen); Doktorand bei Prof. Claus Zittel über Nietzsches Musikästhetik.

Kristina Schippling
*1983 in Halle/S., Schriftstellerin und Filmregisseurin; Studien in Philosophie, Germanistik, Psychologie und Pädagogik; Erweiterungsstudien im Fach Darstellendes Spiel/Kunst in Aktion und Dissertation zum Thema: *Film im Schulbuch. Eine diskursanalytische Studie zur pädagogischen Subjektivierung*

im Bereich der Erziehungswissenschaften; Publikationen: *Drei Gesichter. Eine Novelle*, und: *Meine Wut ist weiß und rein! Texte von 2008 bis 2021*, sowie Aufsätze in Literaturzeitschriften und Anthologien; 2021 erscheint: *Bewusstseinssprung*, in Ko-Autorschaft mit Harald Seubert; 2022 erscheint ihr erster Dokumentar-Langfilm: *The Sound of Cologne* (Regie und Kamera) in den Kinos.

Harald Seubert
*1967, studierte Philosophie, Literaturwissenschaft, Neuere Geschichte, Sozialwissenschaften und Evangelische Theologie; Dissertation 1998 über Heidegger und Nietzsche bei Manfred Riedel an der Universität Erlangen-Nürnberg; Habilitation 2003 an der Martin Luther-Universität Halle-Wittenberg; Lehre an den Universitäten Halle-Wittenberg, Poznan (Polen), Bamberg und München, seit 2012 Ordentlicher Professor für Philosophie und Religionswissenschaften an der Staatsunabhängigen Theologischen Hochschule Basel; Publikationen u.a. jüngst: *Philosophie des 20. Jahrhunderts*, Nomos, Academia, 2021; mit Kristina Schippling: *Bewusstseinssprung. Im Raum von Welt und ich*, Basel, 2021; Umfangreiche Vortragstätigkeit. Seit 2016 Präsident der *Internationalen Martin Heidegger-Gesellschaft*.

Elke Angelika Wachendorff
*1956 in München, langjährige Aufenthalte in Italien, Frankreich, Großbritannien; Studien an der Ludwig-Maximilians-Universität München; Philosophin, Kunsthistorikerin, Kuratorin, Pharmazeutin; Präsidentin des *Nietzsche-Forums-München e.V.;* Dozentin für Philosophie; Philosophische Praxis; Bildende Kunst; Ausstellungen, Ausstellungskataloge; Publikationen, u.a.: *Friedrich Nietzsches Strategien der «Noth-Wendigkeit»,* Fra/M, 1998; *Friedrich Nietzsche – Denker der Interkulturalität*, Nordhausen, 2006; *Ein Wanderer und sein Schatten. Friedrich Nietzsches Gedanken-Gänge in St. Moritz*, Basel, 2021. www.philoprax.eu

Eugen Wenzel
*1984, Dr. phil., StR; Studium der Germanistik, Philosophie und Lateinische Philologie; Promotion zu dem Thema: *Ein neues Lied? Ein besseres Lied? Die neuen «Evangelien» nach Heine, Wagner und Nietzsche*; VHS-Dozent, Wissenschaftliche Hilfskraft, Lehrbeauftragter und Veranstalter von Symposien, berufsbegleitendes Referendariat (2014-2016); Studienassessor an Berliner Gymnasien; 2020 zugleich freier Mitarbeiter an einem Berliner Kolleg und Studienrat und *Fachbereichsleiter Deutsch* an den Berufsbildenden Schulen in Halberstadt am Harz; Diverse Vortrags- und Forschungstätigkeiten im kulturwissenschaftlichen Bereich sowie belletristische Projekte.